JN016229

相米慎二

最低な日々

相米慎二

目次

表紙　小川富美夫
「東京上空いらっしゃいませ」
絵コンテより

表紙写真（帯）　佐野篤

イラスト　大須賀理恵
（「相米慎二　最低な日々」）

装幀　山城絵里砂

相米慎二　最低な日々

シーン1

『ねこ』をのみこんだ話

気象庁の観測所から、「梅雨が明けました」という手紙が来た日、一緒に妙な葉書が届いた。あじさい色の紙に、ふやけたようなねじれた字で、俺の住所が書いてある。墨の匂いが、甚だ臭い。差出人は『ねこ』とある。宛名も『ねこ』である。猫の知り合いはいないし、同居人もいない。間違いだろうと、読みもせずに下駄箱の上に放ったまま、また寝ころがると、胃が痛い。内側から、ひっかくような痛さである。

キョウチクトウはいつのまにか盛りを過ぎている。蕾が見えはじめた頃、虫になろうと思った。虫になろう虫になろうと一心に寝ころがってばかりいるうちに、胃がきりきりと痛むようになった。こうなっては、なおのこと虫になるより道はないので、いっそうじっと閉じこもっているのだが、いっこうによくなる気配がない。

〃俺だ、俺だ〃胃の中から、声がした。〃その葉書は、俺に来たのだ〃

「お前が『ねこ』か」

と訊くと、そいつはまた俺の胃の内壁をひっかいた。胃が痛むのは、どうやら猫が棲みついているかららしい。葉書を読め、と猫はかなり横柄な声でいう。

〃そいつは俺の、古い知り合いだ。きっと暑中の挨拶だ。ビールが好物だからな〃

「この匂いは何だ。臭い墨だ」

俺は葉書をつまみあげた。

〝猫墨さ。お日様の下でからからに乾燥した猫の糞を用いて……〟

「出てきて自分で読めばいいじゃないか」

〝俺は字が読めない〟

字の書ける猫もいれば、字の読めない猫もいるらしい。俺は漢字が不得手なので、分相応の猫が寄宿したといえる。

「じゃあ読むから、しばらくひっかくのをやめてくれないか」

〝よかろう〟

俺は葉書を読んだ。

「――痩せて、蒼い顔をしている人に、君は胃が悪いだろうと尋ねてみたことがある。すると、その男が答えて、胃はすこしも故障がない。その証拠には、僕はこの歳になるが、胃がどこにあるか知らないと言った。その時は笑って済んだが、後で考えてみると、大いに悟った言葉である。その人は、まったく胃が健康だから、胃に拘泥する必要がない。必要がないから、胃がどこにあっても構わないと見る。

自在飲、自在食、いっこう平気である。この男は胃において、悟りを開いたものである——。なんだ、漱石じゃないか。こりゃあ盗作だ」

馬鹿にしきって言うと、猫は前足らしきもので、俺の胃をぐいっとねじった。

「いててて……」

〝そいつは、漱石の胃の中に住んでいたこともある猫さ。盗作したのは漱石のほうなんだぜ〟

「へえ」

漱石は胃カイヨウで死んだ人である。ずいぶんと拘泥するところがあったのだろう。

〝おまえもとかく拘泥しがちだね〟と言って、猫はふふんと笑った。胃の内側がくすぐったいというのも、不快なものだ。

「しかし俺は自在飲、自在食だぜ」

〝それだけはいえるな〟

「そのうえ、俺はあらゆる拘泥を捨てて、静かな求道者たる虫になろうとしているのだ」

猫は身体をぐうぅと伸ばして大きな欠伸(あくび)を一つした。〝どうせ金づまりで、そんなことでも考えついたんだろう〟

ねこへ

「……」

〝お前さんがなれるとしたら、せいぜいミノムシあたりだろうさ。俺はミノムシって奴を、あのぬくぬくした衣からひっぱりだしていたぶってやるのが大好きなんだ。裸んぼになった奴らときたら、白黒の囚人服のようないやらしい姿をしてるんだぜ〟

「ミノムシのどこが悪い！」

俺は怒りにかられて叫んだ。

「俺が、俺がほんとうになろうとしているのは……ドロハマキチョッキリだっ！」

幼少のみぎり、『ファーブル昆虫記』を愛読していた俺である。くるくると器用に葉っぱを丸めて葉巻のようにする神秘的で賢い虫をまねて、俺は湿った万年筆を見事なロールケーキ状にしてみせた。勢い余って布団の中に自分も巻き込んでしまったので、ミノムシになってしまったのが悲しかった。

顎(あご)がはずれそうなほど、猫はたてつづけに欠伸をしている。

〝退屈しのぎに、スズメでも捕まえに行くか〟

俺が虫になるのをあきらめたのは、こういう経緯である。以来、猫は繁々と出歩いている。葉書の主と、ビールでも飲んでいるのだろう。胃は、すこしは加減がいいようだ。

シーン2

ハゲとアサガオ

目が覚めたら、知らない部屋にいた。窓を開けると、一面、白い光が燦燦と降り注いでいる。

「ここはどこだ？」

空と海。しかしそれも、区別がつかないほどの眩しさである。鳥は一羽も飛んでいない。世界の果てのようなところだと思っていると、妙なものが目に入った。

くしだんご。

気が遠くなるほどゆっくりと、くしだんごが海にむかって落ちていく。目をぎゅうっと閉じると、頭の芯がくらりとした。ゆうべ、飲みすぎたらしい。

そうだ。俺は昨日、パリからローマを経て、シチリア島に到着したのだった。カターニアの空港で、島の人たちの出迎えのシーンを、俺はぼんやりと眺めていた。車椅子に乗ったじじいやばばあが、キスしたりされたりしている。子供も大人も皆、抱き合っている。ようやく出てきた荷物を抱えて、ホテルにチェックインしたのは真夜中を過ぎていた。それからのことは、よく憶えていない。憶えているのは、木の繁った中庭で、ひとりで飲んだということだけである。

ホテルは山の上にある。くしだんごは、四両編成のゴンドラのようなものらしい。つながったゴンドラが珍しくて、誰もいないテラスに出ていくと、俺は、真下のプールで甲羅干しをしているねえちゃんに気をとられた。と、今度は左の目線の奥になにやら紫色のかたまりを見つけて、そっちにふらふらと近づいていった。宿酔（ふつかよい）のよれた足は、いきあたりばったりに方向を変える。

「なんだ、アサガオじゃないか」

紫色のアサガオが、塀にびっしりとからまっている。昼近く、こんな強い光の中で、大輪の花を勢いよく咲かせている。妙なアサガオだ。

とにかく酔いをさまそう。まず朝飯だ。ウンベルト大通りの四月九日広場のカフェで、カンパリとエスプレッソを一緒にたのみ、一口ずつ交互に飲んだ。旨い。四月九日ってのは、何の日なんだろう。広場からも、タオルミーナ湾が見える。やっぱり鳥はいない。

タクシーに乗った。生き物の気配のない、光ばかり強い海を見ていると、いつまでも酔いがさめそうにないので、山のほうに行くことにした。運転手のセルジオは今年二十四歳の二児の父である。ヴァレンチノ風の二枚目で、胸に聖母マリアの姿を刻んだペンダントをしている。

タオルミーナの街中から、一時間ほどクルマは走った。岩山にはりついたような村。カフェの前で年寄りたちが三十人ほど集まって、カード賭博をやっている。覗き込むと、トランプの種類は違うし、ルールが皆目わからない。それでも賭け事したさに年寄りたちのまわりを執拗にうろつく俺を、セルジオは聖母マリアのように優しく宥めた。

「仲間になるのは、だんだんですよ」

狭い石畳の道を歩いた。廃墟が多い。ところどころに見える緑は、オリーブと葡萄である。俺がグラッパを好むということを知ると、

「シシリーにグラッパはないが独特の強いワインがあるから是非飲まなくてはいけない」

とセルジオは急に目の力を強くした。

日が傾いた頃、村の食堂でワインを飲んだ。いかにも葡萄、という味がする。たしかに強い。赤も白も旨いが、やはり赤だ。そのワインを飲みながら、山の料理を食うと旨い。ナスが旨い。野菜が旨い。セルジオが歌いだす。デカンターが、幾度も空になる。

食堂からも、海が見える。相変わらず、鳥はいない。山の奥に日が沈んでも、海はまだ赤く染まっている。俺は、自分の頭に手を置いた。帽子をかぶっていたのに、ハゲがほてっている。俺は考えた。今日一日、俺は帽子をかぶったハゲとひとりも会わなかったぞ——帽子をかぶっていたらハゲか判別できないが、皆かぶっていなかったんだから確かなんである。

ハゲというのは、毛髪のない無防備な状態である。光は強い。それなのにヤツらは、なぜ帽子をかぶ

らないのだ⁉　俺が同じことをしていたら……恐ろしいことである。バケの皮ならぬ、ハゲの皮がはがれてしまうに違いない。俺は、昼間見た妙なアサガオのことを思い出した。アサガオとハゲが仲よく、かんかん照りのなかで強いワインを飲んでいる図が、頭のなかでぐるぐると回る。思っていたより、俺は遠いところに来たようである。人も、風土も、強いところに来たようである。

セルジオは酔いつぶれた俺を乗せて、山道を運転して街へ帰った。俺はシートにへばりついて寝てしまったので、帰りのことは憶えていない。

シーン3

フタリシズカ

サンダルばきで歩いていたら、車を避けようとした拍子に、電信柱に足をぶつけた。小指の爪が剥がれかけて、血が出ている。くそ、と俺は呟いた。俺が今日、七、八年ぶりにこのバーに来たのは、たぶんそれがきっかけだ。小指は血を流しながら一日中疼き、俺の神経を刺激し続けた。気分直しに入った画廊で見た絵が、俺をますます苛立たせた。いったい俺はどうかしているぞ、この余裕のなさはどうだ。

店は鰻の寝床のように細長いカウンターが続き、奥に四、五人掛けられるテーブル席が一つだけある。上から見たら、柄ばかり長い柄杓のようなかたちである。俺は、柄杓の柄の付け根あたりに座った。

「お久しぶり」

昔と同じ、バーテンダーだ。

「ずいぶん繁盛してるね」

口調が少し、皮肉っぽくなってしまった。

「前に来てくれたお客さんは、皆さん御無沙汰なんですよ」

近くに新しいテーマパークとかいうものができたせいだ、と彼はすこし声をひそめて言った。

「Mさんはお元気ですか」

「じゃないかな。最後に会ったのは、この店だったけど」

俺はそう言いながら、Mに会いたくてここに来たのだ、と気がついた。

Mとはよくここで、一緒に酒を飲んだ。Mは百キロ以上の巨漢で、堂々たる体格を買われて、その頃はソープ嬢の用心棒みたいなことをしていた。

「ほんとは俺、強くなんかないっすよ。喘息の薬の副作用で太っちゃっただけなんすから」

しかし本人がどう言おうと、Mはケンカが強かった。血だらけになってもやめないので、むこうが気味悪がって逃げていくのだ。すこぶる気のいいヤツで、

「俺、カネを払わないとできない」

と言って、一緒に暮らしてたソープ嬢にまで、一回一回カネを払ってたような男だ。

冷たい風が吹き込んできて、俺はドアを振り返った。帰っていく客がいるだけだ。Mがそう都合よく、現れるわけはないじゃないか。三杯目のマティーニを俺は飲み干した。

どうして会わなくなってしまったのかは、よくわからない。だんだん違う生き方をし始めたせいとも言えるし、いろいろなことが見えてしまうわりに何も解決できないという、辛い年齢にお互い達してしまったから、とも言える。一つはっきりしているのは、男同士がいったん会わなくなると、相手がいいヤツであればあるほど、再会するのに勇気がいる、ということだ。

店はすっかり静まりかえって、いつの間にか、客は俺ひとりである。五杯目を頼もうとしてふと見ると、ちいさな女の子がひとり、花を手に立っていた。花売り娘か。それにしても地味な、冴えない花だな。まるで雑草じゃないか。酔った頭で俺はそう考えた。

「なんの花だい？」

「フタリシズカ」

女の子はぽつりと言って、花を差し出した。

俺はその時、ある女のことを思い出した。その女は、Mが初めて〝カネを払わないでも寝れる〟女だった。Mは女と一緒になり、そうして、このバーにも来なくなった……。

この女の子は、あの女に似ている。

「おとうさんは元気かい？」

「うん」

女の子はにっこりした。

「まだ時々、ネギを首に巻いてるかい」

女の子は首をかしげた。

「ほら、ネギをガーゼにくるんで首に巻いてないかい、風邪ひいた時に?」

いつかMがそうやって現れた日、俺は「臭い臭い」とさんざん馬鹿にしたのだった。

「知らない、そんなの!」

女の子はクスクス笑っている。その笑い声が急に大人びた響きを帯びたような気がして、俺は頭を振った。また、酔っぱらったんだ、俺は。

「あなたはフタリシズカなんか嫌いだって言ったわ」

女の声がした。

「もっと匂い立つ、艶やかな花が好きだと言ったわ」

そうだ、俺はたしかにそう言った。だけどそう言ったからって、まさかMのところに行ってしまうとは、思っていなかったんだ。振り向くと、女の子がテーブルのまわりを踊るような足取りで回っている。風が舞い上がり、長い長いカウンターの向こうから男がやって来る。見違えるほどすらりとなって、さっぱりした上着を着たMは、俺に
「やあ」

と微笑んだ。

シーン4

正体

窓を開けると、ひきしまった空気が流れた。曇り空の下、光は白っぽく冴え冴えとしている。冬の最初の日がやってきたのだ。

散歩にでると、木を切っている人たちがいる。枝を落とされ、木はすこし寒そうである。しかしそれが木の冬支度だ。いいなあ、と俺は思った。俺も木のようになりたい。全てを切り捨て、きびしい風のなかに凛々しい幹を屹立させ……。

ワンワンワンワンワン！

うるさいなあ。

ワンワンワンワンワンワンワンワンワンワン！

なんだよ、おまえは。どうして俺にばかり、そう吠えるんだよ。みんな見てるじゃあないか。

ぼろぼろに汚れた犬が一匹。そいつは俺の目を見据え、「うう」と唸った。三十時間ぶっとおしで麻雀をしたジャック・ニコルソンみたいな目つきだ。いやな予感がした。

そいつがパッと地面を蹴った。俺は走った。

俺の特技は喧嘩の時、一番に逃げることである。追い足は遅く、逃げ足は速く。これが俺の人生のモットーである。ところが置き去りにした仲間に対して気が咎めて、様子を見に戻ったりしてしまうのだ。それがいけない。戻ると仲間はもう逃げたあとで、俺だけ捕まってぼこぼこにやられる。俺が喧嘩でいつもやられっぱなしなのは、ひとえにそういう理由である。

しかし今、逃げているのは俺ひとりだ。自慢の俊足は狼さえもぶっちぎり、西荻の街を駆け抜ける……。

はずだった。

そうできなかったのは、俺の抱えている難病の障害による。

俺の抱えている難病とは、痔である。

詳しくは述べないが、痔というのはけっこう苦しい。ひょんなところで、突然どばばばば、と大出血してしまうのである。詳しくは述べないが、一度、ゴルフ場でそういう事態に陥った俺は——詳しくは述べたくないが——一緒にプレーしていた女性からソフィサラというものを頂戴し、その場をしのいだ。テープをはがして尻にあてたあの情けなさは、「痔持ち」にしかわからないだろう。

ワンワンワンワンワン！　吠え声が追いかけてくる。喘ぎながら、見ず知らずの家の門内に入り込み、フェンスを閉じた。犬はその前でひとしきり吠え、やがて唐突に去っていった。俺は内股をすりあわせるように、そろそろと歩いて帰った。

それから数日後、俺の苦境を知った友人の奥さんから、玉川温泉の水が送られてきた。毎日、尻の穴を浸すように、とのことである。

泉質——硫化水素含有、強酸性ばん泉

何やら凄みがあるではないか。

効能——消火器疾患　動脈硬化　神経痛

痔とは記されていない。尻の穴は腸につながっているのだから、消火器疾患に入るのかもしれない。

そういうわけで、俺は毎日、温泉の水を張った洗面器に尻を浸しているのである。痔も情けないが、大の男が上半身にセーターなど着込み、尻だけ丸出しに洗面器に突っ込んでいるというのも相当だ。俺は努めて無心になるよう目を閉じたりもするのだが、そういう恰好で瞑想するというのも、なおさら妙な具合である。

まったくサルのようだ。年老いて、尻ばかりか頭まで毛の薄くなったハゲザルが、わびしく尻を温泉につけている図。これほど今の俺の姿にぴったりくるものはないように思える。そうだ、俺はサルだったのだ。そういうことなら、あの犬がやたらと吠えたのも頷ける。ついに俺は、己を知ったのだ……。

しかし——。自分がサルだとわかったからって、どうなるのだ。俺はバナナは好きだが、人前で食う

のはちょっと恥ずかしい。この「ちょっと恥ずかしい」気持ちをどうしたらいいのだ。あくなき自己探求の旅の果てに、「お前の正体はサルじゃ」と言い放たれた男に、救いはあるのだろうか。俺の知っているヤツが、恐山のイタコのおばさんに「お前はアワビじゃ」と言われたことがあって、そいつは非常な脱力感に襲われていた。きっとイタコのおばさんは、アワビが食べたかったんだよ、と俺は慰めたのだった。ああ、久しぶりにステーキが食いたい。アワビのステーキ。あいつに電話して、たかってやろうかしらん。

というようなことを本日、洗面器に尻を浸しながら黙想した。俺は日々、完全なるサルへの道を歩んでいる。

シーン5

欧州の空

某月某日

パリ。下町の食堂で、仔牛の頭部の煮込み料理を食う。食堂を出ると、口中が油っぽい。強い酒を飲んで洗い流すに限るとバーに飛び込んだつもりが、レバノン料理店だった。メニューが読めないので、ウゾとかパスティスとか、強い酒を、二枚目のレバノン青年が紙ナフキンに書いてくれた。

と書いて〝アラック〟と読むらしい。ネズミのしっぽのような文字を相手に、妙に愉快な気分になった。

某月某日

ミラノ。真昼のレストラン。二日酔いの俺は、水をたのむ。隣のテーブルで、「カキ、カキ」という声がして、ああ、こんな時には柿が食いたいなあと思って見ると、本当にイタリア人のオヤジが柿を食っている。そうか、イタリアでも柿はカキなのか。俺は俄然頼もしい気持ちになって、勇ましく指を鳴らすと、やってきたバリトン歌手みたいなウェイターに「カキ！」と言い渡した。しかしバリトン歌手は目をぱちくりさせているばかりである。次第に気弱くなりがちな俺は「カキ」を繰り返し、七度目くらいにようやく、そいつが「オー、オー」とひとりでうなずいたかと思うと、俺は発音を直された。

——おい、カキは日本語だぞ。そこんところをわかっとるのか?

ホテルへの帰り道、ミラノ名物の霧がたちこめ、迷った。たしか寺院(ドゥオモ)のそばだったから、人を見かけるたび「ドゥオモ、ドゥオモ」と繰り返すのだが通じない。しまいには「どーも、どーも」と頭をさげながら、深い霧の中をよろよろさまよった。

酒をやめよう、と心に決める。明日はスイスへ行くのだ。

某月某日
スイス。ベリンツォーナは城の町である。空気がうまい。アルプスも見える。酒をやるにはぴったりの環境だ。俺は城壁に沿って、葡萄畑や平和な町を眺めながら歩いた。三時間後、城壁は高い山の上で途切れた。
本日の料理はブイヤベース。なんで山のなかで?　と思いつつ注文すると、これが旨い。こうなるとやはり、来る途中で見た葡萄畑が気になって仕方なくなってくる。いやな予感がしないでもなかったが、小さなデカンターでワインを頼むと、はっと気づいた時には三〇〇ccくらいのデカンターが、お銚子のような具合で、俺のテーブルにずらりと並んでいた。
レストランで車を呼び、酔っぱらったまま映画館に入る。見たことのある深刻な場面。観客席の子供たちが、拍手したり足踏みしたり、喜んでいるのかブーイングなのかわからない。とにかくすごい騒がしさ。

某月某日
翌朝、ドアをどんどん叩く音で目が覚めた。きのうの子供たちと、映画について討論しなくてはならないのだ。
会場には、六歳から十一歳の五、六十人の子供たちが集まっていた。床にぎっしりとしゃがみこみ、小さな動物みたいな目が今にもとびかかってきそうだ。「あのデブに、ボールを何回ぶつけたのか」などという素朴なものから、なるほどと思うものまで、後から後から質問攻めにあう。ガキどもはじりじりと俺に近づいてくる。なんだこいつらは。ハゲがそんなにめずらしいのか？　と思っていたら、「なんでもいいから、もっと大声で話せ」。通訳のイタリア人のねえちゃんが、「コドモタチ、ニホンゴ、ハジメテデス」と言う。そういえば、きのうの俺の映画も、声はイタリア人弁士がやっていたんだっけ。

大声で、と言ってもなあ……。「じゃあ、今まで撮った映画のタイトルを全部並べてみろ」。おいおい。俺は直立不動とまではいかないまでも、背筋を伸ばして声を張り、自分の撮った映画の題名を、最初から順番に申告したのであった。なんだか閻魔(えんま)様の前に立たされたような気分だったが、子供たちはみんな、至極楽しそうに目を輝かせている。俺がレバノン文字を眺めつつ、酔っぱらったのと同じようなものかもしれない。

会が終わると、子供たちはあっという間に散って行った。通訳のねえちゃんも帰り、俺は田舎町にただひとり、佇んでいた。もうすぐここは雪に埋もれるだろう。

アルプスの風が、ハゲに冷たい。

シーン6

ババア×2

暮れに風邪をひいて以来、セキがとまらない。タバコを吸うと荒れた喉にニコチンがしみて、なんとも気持ちがいい。ああ、喉の痛い時のタバコはうまい。このところ、俺はフィルターなしのピースばかり吸っているのである。

「おまえ、肺ガンになるよ」

とババア（※①）が言うので、

「いくら賭ける？」

ババアは、

「アホらし」

と鼻をならした。

「おまえを解剖するとね、肺がタバコのヤニでどろーっと、どぶに落ちたぞうきんみたいになってるんだよ」

想像をめぐらす時間に、タバコは必携である。俺は、ババアが俺の肺をぞうきんバケツの中でしぼっている図を目に浮かべながら、しみじみとタバコを味わった。

そんなわけで、セキはおさまるわけでもなく、喉は荒廃をきわめ、タバコはますますうまい。一日中、タバコを吸っているかセキをしているか、そのどちらかになってしまったので、いったい俺がいつ飯を食っているのか周りは不思議がっている。

年明け早々、碁会に出席した。初段は目の前、という先生からのお言葉を思い出したのである。今年のテーマは碁だ、俺は心に決めた。碁の虫になるのだ。そういえば、俺は去年から虫になろうと思っていたのだった。虫になって力を蓄え、来るべき未来に備えようと考えていたのに、結局、今年になって振り返ってみれば、残ったのはセキだけなのである。これではあまりに情けないではないか。

午後三時から始まった碁会は、翌日の午前五時に終わった。俺はボロボロに負け続け、その間、タバコを百本以上吸った。基はちっとも上達を感じられず、セキはもう、ひっきりなしになった。

翌日、布団の中で金杯の中継を見た。今年最初の競馬だ。万馬券が出た。馬券を買っていない俺は、喉をゼーゼー鳴らしながら布団にもぐりこんだ。

そういえば去年、俺は京都で万馬券をとったんだ。菊（花賞）のナリタブライアンの走りを見に行って、その前のレースで当てた。嘘のように懐がふくらんで身も心もほくほくしていると、メインレースが始まった。雨の中を走るブライアンは強かった。ちょっとばかり儲けていい気分になっている自分がみじめになるほど、圧倒的だった。俺は脱力したようになって、淀の飲み屋でスッテンテンになるまで飲んだんだっけ……。想い出にふける人に、タバコはつきものである。俺が布団の中で思う存分、スッテンテンの想い出にふけっていると、

「寝タバコ禁止！」

ババア2号（※②）が枕元でわめいた。

「あー、くさいくさい。タバコくさいったらありゃしない。あんたのものって、パンツだってシャツだって布団カバーだって、いくら洗濯してもタバコくさいのよ。靴下までタバコくさいってどういうことよ、え？　シャツなんかアイロンかけると、もわーってニコチンの湯気があがってくんだから」

げほげほげほとセキこむ俺を尻目に、ババア2号は洗濯籠をかかえて部屋を出ていってしまう。誰がまいたんだか知らないが、俺がババアとババア2号に、靴下を左右かたっぽずつはかせてもらうバカ殿生活をしているという噂があるらしい。しかし、真実の俺は二人にやりこめられてばかりで、甚だ難儀な毎日なのだ。

俺は布団をずるずると這い出て、でかけることにした。溝の口で桜が咲いているという新聞記事を読んだので、寒風に吹かれながらの花見もいいではないか、と思ったのだ。

しかし外に出るなり、隣のバカ犬が俺のセキに刺激されたのか吠えまくる。バサッと羽音がして、カ

1号
2号

ラスが俺のハゲを狙う。弱っている相手を見つけるといじめようとするのは自然の理というものだから仕方がないが、呆たして俺は桜の花まで辿り着くことができるのか。新年早々、犬の吠え声とカラスに追われて、セキこみながら走っている俺の一年は、いったいどういう具合に転がっていくのか。天気になれよ、とばかりに放り投げると、歯のちびた俺のゲタは、ハダカの木の技にひっかかって、心もとなく揺れていた。

※①俺のおふくろ。ただ今八十?歳
※②俺の姉。俺がもっとも恐れる人

シーン7

新しいメガネ

メガネがゆがんでいた。

ゆうべ酔っぱらってどこかに衝突したらしい。朝、しらふになってメガネをかけたらなんだか気持ちが悪くなったのは、二日酔いのせいばかりではあるまい。メガネ屋に行くのもめんどうだなあ、と寝ころがっていると、いいことを考えついた。メガネをかけるのをやめてしまえばいいのだ。

考えてもみろ。メガネなどというモノの助けを借りてまで、見なくてはならないものなんてこの世にあるのか？　俺の視力は、三メートル離れた人間の男女の区別をつけるのが精一杯というところだ。バスとトラックの区別はつかない。犬と猫はたぶんわかる、と思う。十メートル離れたキリンとシマウマの区別はつくが、三メートル向こうのライオンとジャッカルだと、区別をつけるより先に俺は喰われてしまうだろう。やめてしまえばいいとはいっても、メガネなしで外出するのはなかなかに危険である。しかしここはニッポン、誰が襲ってくるわけでもなかろうと腹をくくって散歩にでた。

「ソウマイさん、ソウマイさん」

後ろから声をかけられてふりむくと、人妻ふうの色っぽい女が手を振っている。ふらふら近づいていき、二人の間の距離がきっかり三メートルになったところで、それがとうに六十を超えたヤキトリ屋のおばさんだと気がついた。

「すみません。こないだの、今度払います」

俺はもごもごと言った。

「いいよいいよ、あんたもなかなか律儀モンだねぇ、逃げるどころか、いそいそやって来んだからねぇ」

おばさんは上機嫌だ。これもメガネを外したおかげと言えなくもない。花も女も綺麗に見えるのである。霞のなかに色が拡がったような梅の花を垣根越しに見つめながら、そうだ、俺は夢を探してメガネを捨てたのだ、と考えた。小林一茶も詠んでいるではないか。

花のなんの　とんちんかんで五十年

俺は梅の花の色に酔ったようになって、よろよろと歩を続けた。今日はこれから、梅を見に行くとしよう。そういえば、一茶の句にこんなのもあったっけ。

春立や　四十三年　人の飯

俺の場合、四十七年だがな、とぼやきながら、フラリフラリとクルマの間を縫って、見えないまま進んでいく。『ぬけられます』という看板にハテナと思った途端、その看板の下から、おととし死んだはずの俺の大学の時の先生があらわれたので心臓が止まりそうになった。

「シンジくん、ぐずぐずしていると湯島の梅が終わってしまうぞ」

先生は山羊髭をもそもそ動かしながら言った。

「ハイ、ぼくもこれから行こうと思ってたとこなんです」

俺は先生と歩きはじめた。見上げると、『ぬけられます』だったはずの看板は、『めがねのますだ』という何の変哲もないものである。しかし先生は昔とまったく同じに、真ん前ばかり見つめて、こくこくとうなずくように軽く首を振りながら歩いている。

梅の木の下で、先生と酒を飲んだ。俺が悪女にひっかかっておっかない人たちに追われていた時、先生に助けてもらったことなんかを話していると、Oが現れた。Oは、山登りの仲間だった男で、会うのは二十五年ぶりだ。三人で酔っぱらった。先生はものすごく嬉しそうに、「シンジくん、きみはなんとも、はんかくさい男でしたぞ」と、俺が昔、先生に教えた北海道弁を得意そうにしゃべった。

おや、と思ったら、周囲の梅見客が騒がしい。「雨だ、雨だ」と荷物をたたんで、大急ぎに走っていく。雨なんかちっとも降ってないのに、と怪訝に思っていると、先生もOも、ひゃあひゃあ言いながら走りだしたので、俺は慌てて後を追った。東屋(あずまや)には誰もいない。あれほどいた梅見客も、先生も、Oも。こうこうと月が輝いている。俺のぼやけた視線は、酒のせいなのか、メガネのないせいなのか、それでも梅だけは妙にくっきりと、夜の闇に溶けもせずに咲いていた。

Oも今は、この世の人ではないのかもしれない。駅前の雑踏は、冷たい風に身を縮めて家路を急ぐ人ばかりである。

冬の駅前　犬すぎ　人すぎ　脱け殻すぎ

明日はメガネ屋に行くことにしよう、と思った。

春一夜　雨さえ我を避けて過ぐ　慎の字

シーン8

春一番

うつらうつらとしていたら、風鈴の音がうるさくて目が覚めた。去年の夏からそのまま置き去りにされていた風鈴が、強い風に乱れて鳴っている。冬の間は気づくこともなかったのに、と思いながら窓を見ると、遠く新宿の高層ビル群が霞んでいる。今日は、春一番が吹いているのだ。

また眠くなってきた。もうすぐ桜の季節だ。今年の花見の弁当には、ちくわを煮たのを持っていこう。夢うつつに思っていると、窓から真っ赤な車輪がふいに飛び込んできた。誰も乗っていない車輪は、くるくると俺の布団のまわりを巡っている。ひっきりなしに鳴っていた風鈴の音は、今ではひとつながりになって、ひゅいーん、ひゅいーんと、車輪の回る音のように聞こえてくる。やがて真っ赤な車輪は、来た時と同じようにふいに、窓の外へと消えてしまった。

夢を見たかな、と思った後、窓枠に腰掛けた人形を見つけた。トランプのジャックそっくりな衣装を着けた人形は、俺と目が合うと、一瞬きりきりとネジを巻かれてでもいるかのように背をそらし、それから宙を行進しはじめた。人形の後を追って、窓の向こうからいろんなヤツらがやって来た。まずロバだ。ロバの後ろには、蝶ちょが飛んでいる。その後ろには子供がいて、ひゅいーん、ひゅいーんと鳴り続けていた音の向こうのほうから、その子供が歌っているらしい声が聞こえてきた。

はるは　はやねの　はりねずみ
はぬけばあさん　しっぽをふんだ
お山が火事だ、お山が火事だ！

ボロ布を巻き付けた婆さんが、楽しそうに踊っている。シマウマが、婆さんと調子を合わせて跳ね上がる。笛を吹いている男がいる。笛の先から、音と一緒に小さな玉が転がり出たかと思うと、それは色とりどりの小鳥になって、さえずった。胸をはだけた若い女が、その鳥たちに向かって、手を差し延べている。男や女や動物たちが、行列になって踊っているのをうっとりと眺めながら、これは春の祭りだな、と俺は思った。白く霞んだ原っぱのあちこちで、点々と松明の火が見える。あたりは暖かく、甘い花の匂いがする。足元に青々としたセリがびっしりと生えているのに気づいた俺は、すっかり嬉しくなってせっせと摘みはじめた。

ふと見ると、セリの葉っぱの間で、ザリガニが「おいでおいで」とハサミを振っている。俺は昔とった杵柄（きねづか）だとばかりに、そいつを追いかけた。ザリガニは、小川にするする入っていく。掴んでやろうと水に手を浸した途端、あまりに冷たいので「あっ」と思った。そういえば俺が子供の頃、春はそんなにうっとりとしてばかりいられる季節ではなかった。しかしそう考えた時、俺の手は、ザリガニのハサミに捕まえられていた。

悲鳴をあげる間もなく、凍りそうな雪解け水にひっぱりこまれた。鼻からも口からもどっと水が流れ込んでくる。ザリガニはもはや巨大だ。シャコのような、ゴキブリのような、波うつ腹だけに視界を塞がれて、俺は苦しさにもがいた。いやだ、死にたくない。俺はザリガニに食われて死ぬのだけはごめんだ。俺は甲殻類というのは、目つきが暗いから嫌いなのだ。だけどザリガニって甲殻類だったっけ。まさかムシではないだろうけど、イセエビだって見ようによってはムシみたいで嫌だなあ。ついでに言うと、俺はイカもきらいだ、目つきが暗いから。でもヤリイカは美味しい……ああ、意識が遠のいていく。

ザバリと水音が高く鳴って、次の瞬間、俺は宙に浮いていた。なんとザリガニは、今度はモスラのように悠々と空を飛んでいる。濡れ鼠になってつまれている俺に見えるのは、やはりその赤黒い腹だけだ。空気はまったく張りつめて、さっきまでのうららかさはどこにもない。俺は叫んだ。

「ザリガニよ、聞いてくれ！春一番なんて、嘘だったんだ！」

その瞬間、ザリガニは俺をまともに睨んだ。

「アホとはつきあえまへん」

ザリガニが甲殻類ではなく、関西人だったのかどうか、ともかく初めてその声を聞いた俺は、すべり落ちた。いや、ザリガニに落とされたのだ。ぐるぐる回転しながら、目の前に真っ白い雲海が拡がる。俺は夢中でザリガニのヒゲをつかんだ。ザリガニはうるさそうにヒゲを払おうとする。俺は振り落とされまいと、必死につかまる。

こうなっては、ザリガニがくしゃみをしませんように、と祈るばかりである。そうして木枯らしのなかのミノムシのように揺れながら、春を探す旅をしているのだ。

シーン9

湯治

体中にブツブツができて不愉快きわまりない。瞼まで瞳れて半眼開きの状態である。医者に行って検査はしたが、ガンでも肝臓病でも伝染性の病気でも梅毒でもエイズでもアレルギーでも水疱瘡でもなかった。原因は不明のままである。

「ま、とりあえずたいした病気ではないようですよ」

目の前に、こんなイボだらけの半魚人になってしまった患者がいるというのに、医者はすましたものだ。

上野から列車に乗って、温泉に行くことにした。

なるべくひなびた、湯治の人ばかりのところがいい。

さらば、東京よ。俺はもう、二度と陽の当たる場所に出られないかもしれないが、みんな幸せにやっててくれよ……。眠っていたらしい。ぼんやりと窓の外を見ると、列車は山間を走っている。次の停車駅で降りてみようかと思いながら、また眠ってしまった。気がつくと、景色は明るく開けていた。ビルや家並みの続く向こうに、海が見える。山の中の温泉に行くはずだったのに、乗り過ごしたのだ。

小さな商人宿を見つけたので、そこに泊まることにした。けっこう広いが、なんだかがらんとした町だ。

海から通り二本内側の宿は、夜になって横になると、海沿いの倉庫や市場の建物を越えて、どどーん、どどーんと波の音が聞こえてくる。食事は、海沿いの町だというのに、いっこうに旨い魚が出ない。温泉もない。薄っぺらい布団の上で毎日ごろごろしてばかりいると、退屈を通りこして、生まれる前からここにいたような心持ちになってくる。

海に沿って四、五十分ほど歩いたところに、さびれた漁港があった。やぶれた網が潮風に晒されている。スナック「いかり」という看板のある店は、扉が鎖で縛りつけられていた。

「そこはもう、やってないよ」

声をかけてくれたのが、司さんだ。

司さんは、ここの漁師だった人で、その日は山で山菜を採ってきた帰りだった。

「どっかこのへんで、飯を食えるとこ、ないですか」

訊いた俺を、司さんはしばらくぼんやりと見つめて、「じゃ、俺んち」と言って歩きだした。後について歩きながら気づいたのだが、この漁村の家々は皆なかなか立派なのである。司さんの家も、まだ建ってそれほど年数が経っているとは思えない。

「皆、漁業権を売ったから。その金で建てたんだ」

と司さんは言った。俺はさっき、岬の向こう側に、何やら物々しい工場のような、発電所のような建物がぴかぴかにそびえ立っていたことを思い出した。ここではもう、魚は獲れないのかもしれない。

「これ、食えるかなあ」

司さんは、今採ってきた山菜をにらんでいる。

「山のことはわかんねぇ。俺はだいたい平気だけど、あんた、腹、丈夫なほう？」

ほこりだらけの仏壇のある座敷はだだっ広く、猫が体をなめている他は、誰もいる気配がない。二人で山菜を湯がいたり天麩羅にしたりして、酒を飲んだ。毒草かもしれないと思うせいか、酔いが早い。

「女房は、俺が漁やめたら出ていきやがった。家だって建ててやったのによお、俺がバクチばっかりやるからって、俺なんかバクチやったって、かわいいもんだよ？　隣のケンちゃんなんか、家とられちゃってよお。ヤスんとこだってそうだよ、皆いなくなっちゃって、だけどしょうがねぇんだよなあ、バクチくらいっきゃやることねえんだよなあ……」

五十を少し過ぎたばかりだろうと思われる司さんの胸板は、逞しく引き締まっている。しかし彼は、もう漁に出ることはないのだ。

「明日、船乗るかい？　……あの船もいつまで持ってられっかなあ」

司さんはごろりと横になった。

翌日、晴天の海は珍しいほど穏やかである。俺たちはタコを獲った。赤い円盤型の浮きの下の、疑似餌をつけた金具に、タコはひょいひょいひっかかった。

「タコってのは、やっぱりタコだな」

「面白いか」

「うん、面白い」

俺が答えると、司さんは目元をくちゃっとしわだらけにして笑った。たいして歳は違わないのに、親父みたいな笑い方をする。空は青く、水平線はゆるく弧を描いてどこまでも続いていく。心のなかで、入道雲がもくもくと湧き上がってくるような気がした。

ラストシーン

水平線の彼方へ

ツツジの花の満開の頃、俺の体中にできていたブツブツは治った。九州のとある温泉で養生して帰ってくると、北海道から速達が届いている。差出人は高校時代の友人Ｋで、「とにかく来い」。理由も何もない。それにかえって気をひかれて、俺はボストンバッグをそのまま掴むと、また飛行場に向かった。

Ｋと俺が通った高校のある町は北海道の中ではそこそこ大きな町だが、Ｋの親父さんは古くからその町を仕切っていたヤクザの親分だった。二十年ぶりに会うＫは、相変わらずぽっちゃりと色白で、男にしては柔らかな物腰はいっそう磨きがかかったように見える。

「日舞をなあ、習っとるんだわ。四十の手習どころか、もうじき五十っちゅうのにねぇ」

「何かあったのか」

「いやあ」

Ｋは揃えた指先を、ハゲ上がった額にあてた。

「孫が生まれたしね。だからってわけじゃないけど、まあ、理由なんか書かないほうがお前は来ると思って」

「まあな」

Ｋの家に荷物を置くと、「一緒にお宮参りしてくれや」と近くの神社に誘われた。

昔よく来た神社の長い階段をゆっくり昇っていくと聞こえるのは遠くの海鳴りと、Ｋの腕の中にすっぽり納まって眠っている赤ん坊の時折むずかる声、それをあやすＫの声ばかりだ。

「おい、Ｉはどうした」

昇り切ったところで、俺は訊ねた。Ｉは親父が警察官だったせいか、ヤクザの息子のＫに何かというとつっかかり、いざこざが絶えなかった。ちょっとばかり〝いいかっこしぃ〟だった俺は、二人を和解させようと発奮して、あの時期ＫとＩ各々と、別々のところで何度か殴り合いをした。とにかく犬ころのように喧嘩をしまくった。三人ともボロボロになったところで、ＫもＩも俺の前では、お互い手を出さないようになったのだ。

「あいつは、ムショに入っとる。だいぶ長かったけど、もうじきだわ……この神社でも、よくやったなあ。おまえ鼻血たらして、あそこの灯籠に頭ぶつけてひっくり返ったっけ。あん時はびっくりしたわ」

ハハハ、と俺は笑ったが、Ｋはしんみりした顔をして、その灯篭に目を据えている。

夜、Ｋが連れて行ってくれたのは、七、八人でいっぱいになってしまうカウンターがあるだけの小さな店だ。客はスツールに腰掛けるのだが、向こう側が畳になっている。この町がニシンで賑わっていた頃、売れっ子芸者で鳴らしたという三人の婆さんが、畳に座って酌をしたり、三味線を弾いたりしてくれる。

「わしなあ……」Ｋがぽつりと言った。

「癌なんだわ」

言葉を失った俺の杯に、Ｋは酒を注いだ。

「何かこう、おまえに会いたくなってなあ。来てくれてよかった」

「おまちどうさま」畳の向とうの暖簾をめくって二十五、六と思われる女が、お銚子をのせた盆を差し出した。

「さっちゃん、こっち来いよ」

Ｋが声をかけると女は、「ええ、すぐ」と、含差んだように俺に会釈してひっこんだ。

「さっちゃんはね、お松さんの孫なんだわ」

三味線を弾いていた、最年長と思われる婆さんが、にこにこと頷いた。

「お松さん、孫っていうのは、いいもんだね」

Ｋの口調は長閑だけれど、奴が病を知って以来、乗り越えてきたものの手強さを、俺は思わずにはいられなかった。

「お松さん、一曲頼む」

Kはカウンターを跨ぎ、畳の上で三味線に合わせて踊り始めた。手拭いを口にくわえ、柳腰ならぬタガをはめた桶のような、男の太い腰をなよなよとくねらせて、あまりぞっとしない流し目を俺に送るのである。

「こんないいもん、ソウマイ、見納めだよ」

「何言ってやがる」

しまいには俺も、どじょう掬いを披露してしまった。

飲みすぎた日の常で、明け方過ぎに目が覚めた。もう一度眠ろうとしたところで、お松さんの孫娘との約束を思い出した。近くの海で獲れる旨い小魚を朝早く港に行ってわけてもらい、二人で朝飯を食おう。酔った勢いだったし、本当にそんな約束をしたのかも定かではない。

俺は、まだ眠っているKやKの家人に気づかれぬよう起きだして、港に向かった。

海は金色の鱗を持つ巨大な魚の背のように、穏やかに朝日と睦み合っている。堤防の上を歩きながら、この海の側(そば)でずっと暮らしてきたKのことを思った。間もなく帰ってくるというIのことを思った。

俺もいつか、ここに帰る日が来るのかもしれないが、今はまだ、その時のことは考えたくないのだ。

堤防のずっとむこうから、女が歩いてくる。海と陸を隔てる一本の白い、真直（まっすぐ）な線の上、そこは海でもなければまったくの陸地というわけでもない。額と頬を海からの風の中で光らせて、女が笑いながら手を振った。俺は細い細いその線の上を、女に向かって駆けだした。

出典

「相米慎二　最低な日々」は月刊カドカワ１９９４年10月号から１９９５年7月号まで連載されたものです。

相米慎二、自作を語る。

構成　金原由佳

青春の殺人者

1976年10月23日公開　132分
製作＝今村プロ／綜映社／ATG
配給＝ATG

助監督・相米慎二
●スタッフ
監督＝長谷川和彦
製作＝今村昌平／大塚和
原作＝中上健次
脚本＝田村孟
撮影＝鈴木達夫
美術＝木村威夫
音楽＝ゴダイゴ
●出演
水谷豊／原田美枝子／桃井かおり
市原悦子／江藤潤／内田良平

日活で助監督をしてたんだけど、当時はロマンポルノばかり。そこで同じ世界の長谷川和彦さんが新しいものを撮るというので、一緒に日活を辞めて作ったのがこの作品。機材も資金もなくて、めちゃくちゃで面白かったね。監督が現場でね、用意していた桃井かおりさんの衣装が気に入らなくて、千葉の田舎の商店街の洋服屋に行って「きれいな女優さんが着るので貸してください」とか言いながら、ボロボロにして返しちゃったりもして（笑）。それで東京に戻ったら、監督がまた同じシーンを撮りなおすと言うんだよ。再び同じ洋服屋に行くと、なんとその服が売れていた（笑）。最後のほうになると風景を撮りにいく車代までなくなって、付き合っていた女の子の貯金通帳を持ち出して、製作資金にまわしちゃった。熱気があったなあ。水谷豊さんも原田美枝子さんも、みんなその頃いちばん輝いてたなあ。お金がなくてしんどかったけど、俺たちスタッフも若いし変な、奴らが集まっててパワーがあるし、ある時代の始まりを感じましたね。

草迷宮

助監督・相米慎二

●スタッフ

監督・脚本＝寺山修司
製作＝ピエール・ブロンベルジュ／
　九条今日子
原作＝泉鏡花
脚本＝岸田理生
撮影＝鈴木達夫
美術＝山田勇男
音楽＝J・A・シーザー

●出演

三上博史／若松武／伊丹十三／新高けい子／
紀ノ山涼子／大野晴美

1983年11月12日公開　50分
製作＝人力飛行機舎
配給＝東映洋画

寺山修司さんという人は独特でした。映画会社で俺なんかは役者の芝居を大事にするように育ってきてたんだけど、寺山さんは絵の中で人間を泳がせる。また、撮影の鈴木さんと寺山さんの映画の呼吸ってなかなかのものだった。それから美術を担当してた山田勇男くん、彼は数年前「アンモナイトのささやき」という映画を作ったんですけど、彼に会えたことも面白かった。彼が紙切れ一枚立ててそれを鈴木さんが撮ると、独特の空間になるんだな。寺山さんに学んだとしたら、やっぱり絵。フィルムの中の絵の意味というものを学んだね。それから、三上博史くんのデビュー作だよね。いろんな人をオーディションしたけど、この役ができるのは彼しかいなかった。この作品を含め、この頃に出会った人たちが後の相米組のスタッフとなるんだよね。俺の十作目となる「お引越し」で撮影を担当してくれた栗ちゃん（栗田豊通）や、長年俺の助監督を務めてくれるようになる榎戸耕史さんなど、今や立派な人たちが助手としてうろうろしてた。俺たちの人間関係が形成された大切な作品です。

限りなく透明に近いブルー

●スタッフ
監督・原案・脚本＝村上龍
製作＝多賀英典
プロデューサー＝伊地智啓
撮影＝赤川修也
音楽＝星勝
助監督・相米慎二
●出演
三田村邦彦／中山麻里／斉藤晴彦／中村晃子
1979年3月3日公開　103分
製作＝キティ・フィルム
配給＝東宝

この作品に関わるようになったのは、村上龍さんが映画を初めて撮っていて全然進まなかったんだ。そのうち助監督と美術の子が怪我して、途中で俺が呼ばれたわけです。これは龍さんという独特の人と会って面白かったな。龍さんも寺山修司さんも立場は全然違うけど、映画に関係ない人だから、俺のそれまで知ってた映画の作りかたとは違う。でも、具体的にどこが、と聞かれると、例の健忘症で全然覚えてないのが恥ずかしいんだけど……。この映画の後に、長谷川和彦さんと龍さんと俺と一緒に映画を作ろうってことになって、龍さんがそのために書いたシナリオが「コインロッカー・ベイビーズ」。だから最も記憶に残っているのは、シナリオを書いている時の龍さんの独特の才能。頭で書くというより腕で書く人だなあ、ってことを強烈に思ったね。頭より腕が先に書くっていうほうが正しいかな。それがまた早い。今まで会った人とは全然違ったタイプの人間だった。映画人同士で通じる言葉ってあるんだけど、彼はものを書く人だから、俺たちとは言語も違う。あの時代に彼に会えたというのは経験でしたね。

翔んだカップル

相米慎二監督作品

●スタッフ

製作＝多賀英典

プロデューサー＝伊地智啓／金田晴夫

原作＝柳沢きみお

脚本＝丸山昇一

撮影＝水野尾信正

照明＝野口素胖

録音＝酒匂芳郎

音楽＝小林泉美

美術＝徳田博

スタイリスト＝中山寛子

編集＝井上治

記録＝今村治子

助監督＝渡辺寿

●出演

鶴見辰吾／薬師丸ひろ子／尾美としのり／石原真理子／円広志

１９８０年7月26日公開　１０６分

製作＝キティ・フィルム

配給＝東宝

初めて薬師丸ひろ子さんに会ったらね、レストランかホテルかすごく暗いところだったんだけど、彼女のいる周りだけはぼんやり明るかった。そういうのって、もう、こっちが彼女に呼ばれてるようなもんだよね。鶴見辰吾も少年期の自由さを持ってて、しかも偶然、二人は幼稚園の同級生だった。だから薬師丸ひろ子と鶴見辰吾という二人に出会ったことが大きかった。監督としては、最初はよくわからなくて、ただただカメラを回してたんだけど、あるシーンで薬師丸さんが辰吾を殴ってる瞬間に、「ああ、これはもしかしたら映画になるかもしれない」と思ったのを覚えてる。しんどかったのは前半だけ。水野尾さんというキャメラマンをはじめ日活時代に一緒にやってた人たちにも大切にされて、デビュー作としては丁寧に撮ったんじゃないかな。脚本家も新人だし、そういう意味で若さの特権みたいな映画だね。それが主役の二人に乗り移ったんじゃないでしょうか。

セーラー服と機関銃

相米慎二監督作品

●スタッフ

製作＝角川春樹／多賀英典

プロデューサー＝伊地智啓

原作＝赤川次郎

脚本＝田中陽造

撮影＝仙元誠三

照明＝熊谷秀夫

録音＝紅谷愃一／信岡実

音楽＝星勝

美術＝横尾嘉良

スタイリスト＝小川久美子

編集＝鈴木晄

記録＝今村治子

助監督＝森安建雄／榎戸耕史／黒沢清

●出演

薬師丸ひろ子／渡瀬恒彦／風祭ゆき／三國連太郎

製作＝角川春樹事務所／キティ・フィルム

１９８１年12月19日公開　１１２分

配給＝東映

この作品は薬師丸ひろ子というマリア様を巡る話。マリア様っていうのは、怪我しても傷ついても立ち上がってくるものだし、周りのみんなを立ち上がらせるエネルギーも持っている。薬師丸さんは撮影中に怪我をしたけど、傷ついても立ち上がってくるし、一生懸命だし、本当に俺をはじめ渡瀬恒彦さんや目高組やスタッフ全員が彼女に惚れてたね。こんな時って、監督なんか何にもしなくていい。幸福でしたね。撮影は冒頭の火葬場のシーンから始めたんだ。薬師丸さんって独特の容姿だし、躍動感もない。でも小さい芯みたいなものっていうのかな、閉じ込められたものがぱっと出てくる瞬間がすごく魅力的なんだ。種から破裂する瞬間みたいなもの。それでーシーンを長回しで撮るという方法になっちゃった。この映画は大ヒットしたけど、それはもう公開するより先に、薬師丸って女の子を取り巻く状況が高まっていたから。映画にはこういうこともあるのかって実感しましたね。

ションベン・ライダー

相米慎二監督作品

●スタッフ

製作＝多賀英典
プロデューサー＝伊地智啓
脚本＝西岡琢也／チエコ・シュレイダー
原案＝レナード・シュレイダー
撮影＝田村正毅／伊藤昭裕
照明＝熊谷秀夫
録音＝信岡実／紅谷愃一
音楽＝星勝
美術＝横尾嘉良
衣裳＝岩崎文雄
スタイリスト＝勝俣淳子
編集＝鈴木晄
装飾＝小池直実
メイク＝太田とも子
記録＝今村治子
助監督＝榎戸耕史

●出演

藤竜也／河合美智子／永瀬正敏／鈴木吉和／坂上忍／原日出子

1983年2月11日公開　118分
製作＝キティ・フィルム
配給＝東宝

この作品は夏休みの間、ひたすら西に向かって走るという映画です。ただ、行って帰ってきても、また同じ人生が続くっていうのが夏休みの最大の欠点。走った後は止まらなくてはいけないし、走り続けられない。だからその続かない夏休みの一瞬を撮っただけの映画だな。永瀬正敏はこれでデビューしたんだけど、単純に田舎のガキだったな。都会っ子の中にすっぽりと混じって、前向いてただ座っている子がいたら妙じゃない。目立たないんだけど、淡い印象があって、いつまでたってもみんなの採点表にそいつだけが残ってる。それで彼は最後まで残っちゃった。この時は坂上忍くんが鶴見辰吾みたいにいい子で、彼のおかげで永瀬と、男か女かわかんないようなブルース（河合美智子）の田舎者二人が走れたね。藤竜也さんや伊武雅刀さんや村上弘明さんとか、男っぽい、俳優っぽい人たちと会えたことも面白かった。映画が終わった時、主人公の三人がスタッフや俺を川に落としたんだな。大人と子供たちが遊んで、一瞬、ああ、こういうのが映画なんだなって、その時感じましたね。

魚影の群れ

相米慎二監督作品

●スタッフ

製作＝織田明／中川完治／宮島秀司
原作＝吉村昭
脚本＝田中陽造
撮影＝長沼六男
照明＝熊谷秀夫
美術＝横尾嘉良
録音＝信岡実
音楽＝三枝成彰
編集＝山地早智子
装飾＝小池直実
メイク＝太田とも子
記録＝中山博行
助監督＝榎戸耕史

●出演

緒形拳／夏目雅子／十朱幸代／佐藤浩市

１９８３年10月29日公開　１３５分
製作＝松竹
配給＝松竹富士

映画監督は全体的な知性とか大人の価値観とかを持っておかねばならない、ということにぶちあたった作品です。いい大人の俳優さんたちをプロデューサーがみごとに集めてくれたんだけど、俺が前三本の子供っぽさを残してた。それでこの映画を大きくすることができなかったね。時代は違うけど、同じ松竹の「男はつらいよ」や「喜びも悲しみも幾歳月」や「二十四の瞳」のように、もっと父と娘の葛藤をゆったり観客に伝えるべきだったね。ところが俺は物語を描くことより、俳優さんの持っている力を過大に見せたいってことに気持ちがいってたんだ。緒形拳さん演じる漁師が釣るマグロも、にせものでやる必要はないからって、撮影中、何日間もかけて本物のマグロを釣ったんだな。本当に緒形さんが釣るってことが、映画の物語を超えてると、みんなで思ってしまった。でも、時代に合わせて選択した撮り方だからあれしかなかった。十朱幸代さんと夏目雅子さんもよかったね。夏目さんが再びあの世から戻ってきたら、まっさきに撮りにいきますよ。

台風クラブ

相米慎二監督作品

●スタッフ
製作・企画＝宮坂進
プロデューサー＝山本勉
脚本＝加藤祐司
撮影＝伊藤昭裕
照明＝島田忠昭
録音＝中野俊夫
音楽＝三枝成彰
美術＝池谷仙克
編集＝冨田功
音響効果＝小島良雄
記録＝今村治子
助監督＝榎戸耕史

●出演
三上祐一／紅林茂／松永敏行／工藤夕貴／大西結花／三浦友和
１９８５年8月31日公開　96分
製作＝ディレクターズ・カンパニー
配給＝東宝／ＡＴＧ

この映画を作るまでは俺は、いわゆる普通の映画監督の道を歩んできたわけです。例えば松竹には大船、東宝にはゴジラ、東映にはヤクザ映画、それからキティ・フィルムには青少年……。ディレクターズ・カンパニーというのは自分の作りたい映画を撮ろうということで、監督たちが集まって作った会社でね、この時期、一般の人からシナリオを募集したんです。で、送られてきたものの中でこの加藤祐司くんの「台風クラブ」のシナリオが断然おもしろかった。でも俺以外は誰も映画にするとは言わなくて……つまりおっちょこちょいだったんだな。主人公の三上くん役がなかなかいなくて、ある日、酒飲んでた時に鶴見辰吾に弟がいることを思い出して現場に連れてきた。それと三浦友和くんがこの映画で頑張ってくれたね。まあ、この作品は後に第一回東京国際映画祭のヤングシネマ部門で大賞を受賞したり、その時に海外からやってきた映画人に観てもらう機会があったのだから、おっちょこちょいにも特権があるってことだな。

ラブホテル

相米慎二監督作品

●スタッフ
企画＝成田尚哉／進藤貴美男
プロデューサー＝海野義幸
脚本＝石井隆
撮影＝篠田昇
照明＝熊谷秀夫
録音＝八木隆幸
選曲＝林大輔
美術＝寒竹恒雄
衣裳＝小川久美子
編集＝冨田功
助監督＝榎戸耕史

●出演
速水典子／寺田農／中川梨絵／志水季里子
1985年8月3日公開　88分
製作＝ディレクターズ・カンパニー
配給＝日活

「台風クラブ」という映画をおっちょこちょいが撮ってしまったわけですが、金は使うわ、公開はされないわ、試写会だけはしているわ、とみじめな結果が出るわけですね。そういう状況の中で新しい作品を作るにしても、自分の持っている芸というものが少ない。けれど経験はあるということで、ポルノを撮ることになったんです。資金があまりないから、撮影日数は十日間ほど。ほとんど毎日徹夜で撮影した。でも寺田農さんや佐藤浩市くんとか、友情でこの映画が撮れたよな。脚本の石井隆さんとも巡り合えたし。撮影中、日活を離れて時間がだいぶ経ってたので、ちゃんとポルノになってるかなって思ってたんですけど、できたものを観たら、あまりポルノっぽくなかったね。でも、この時期、ポルノに飽きてた人が多かったみたいで、「これがポルノだ」って言ってくれた人が案外いたね。で、「これはおっちょこちょいだ。まだ騙される人がいるんだな」と嬉しかった（笑）。

雪の断章―情熱―

相米慎二監督作品

●スタッフ

製作＝伊地智啓／富山省吾

原作＝佐々木丸美

脚本＝田中陽造

撮影＝五十畑幸勇

照明＝熊谷秀夫

美術＝小川富美夫

録音＝斉藤禎一

音楽＝ライトハウス・プロジェクト

衣裳コーディネイト＝小川久美子

編集＝池田美千子

ヘアメイク＝篠崎圭子

記録＝今村治子

助監督＝米田興弘

●出演

斉藤由貴／榎木孝明／岡本舞／世良公則

１９８５年12月21日公開　１００分

製作＝東宝

配給＝東宝

企画協力＝キティ・フィルム

製作協力＝全日空

先日、知り合いの家で偶然このビデオを観てしまった。面白かったなあ。でも失敗作です。きっと脚本が悪かったんだ（笑）。これは斉藤由貴さんのデビュー作。彼女は孤児という設定だったんだけど、主人公の持つ落ちつきや豊かさを描かないで、孤児に悩む姿をあたふたと描きすぎてる。例えば主人公の少女時代をスタジオでわざとお話っぽく撮影したんですよ。東宝のスタッフがすごいセットを作ってくれて、幼い孤児と彼女を育てる男二人が出会う場面を一シーンで撮ったんだけど、これは三人の関係をゆったりと描くためにわざと嘘っぽくした。ところが、成長した由貴さんを描く段になると、由貴さんを走らせたり、川を泳がせたり呼吸の仕方を間違えたんじゃないかな。もっと彼女をじっくり見せるべきでした。全て監督のせいです。物語も半分しかみえないし、由貴さんも半分しかみえないし。そうですか。由貴さんは最近小説も書いているんですか。いいですね。いろいろできるのって。今度由貴さんに会ったら謝っといてください。「十年近くたって私、初めて悪かったと気づきました」って。

光る女

相米慎二監督作品

●スタッフ
製作＝羽佐間重彰／大川功／矢内廣／
　山本洋／入江雄三／宮坂進
企画＝宮坂進／佐藤正大
プロデューサー＝伊地智啓／山本勉
原作＝小檜山博
脚本＝田中陽造
撮影＝長沼六男
照明＝熊谷秀夫
美術＝小川富美夫
録音＝中野俊夫
音楽＝三枝成彰
スタイリングデザイナー＝小川久美子
編集＝鈴木晄
装飾＝小池直実
記録＝今村治子

●出演
武藤敬司／安田成美／秋吉満ちる／出門英／
すまけい
１９８７年10月24日公開　１１８分
製作＝ヤングシネマ'85共同事業体／大映／
　ディレクターズ・カンパニー
配給＝東宝

東京国際映画祭で「台風クラブ」がヤングシネマ部門の大賞を受賞して、その賞金を中心とした資金でできた作品です。だから、これは映画の欲望のいろんな隙間にできた変な映画。東映の時代劇みたいな映画を撮りたかったんだよね。嘘というかファンタジーのようなものを撮ろうと思ってたんだけど失敗しました。撮影をしながらも、現実的に描とうとしているのか、メルヘンチックにしようとしているのかよくわからなかったんでしょうね。映画映画映画っていう欲望が見えすぎてたのかなあ。主人公の男は北海道から、恋人を捜しに東京に来るのだけれど、結局、ひとりでまた戻る。でも、北海道に戻っても何もないはずなんだよ。それは嘘なんだけど、その嘘を超えられるような映画にすることが難しかったですね。この作品は監督が悪いって書いといてください。

東京上空いらっしゃいませ

相米慎二監督作品

●スタッフ
企画＝宮坂進
プロデューサー＝海野義幸／安田匡裕
脚本＝榎祐平（榎望）
撮影＝稲垣涌三
照明＝熊谷秀夫
美術＝小川富美夫
録音＝野中英敏
音楽＝松本治／村田陽一／
　小笠原みゆき／高橋信之
音楽プロデューサー＝安室克也
衣裳デザイン＝小川久美子
装飾＝小池直実
編集＝北沢良雄
記録＝河辺美津子
助監督＝細野辰興

●出演
中井貴一／牧瀬里穂／笑福亭鶴瓶／毬谷友子

１９９０年６月９日公開　１０９分
製作＝ディレクターズ・カンパニー
　松竹第一興行／バンダイ
配給＝松竹

生きるっていう瞬間をもっとも映画的に見せたい、ということで作ったのがこれです。売れっ子モデルが死んじゃって、幽霊として地上に戻ってくる。でも死ぬことを描いてるんじゃない。どう生きるかってことが大切なんだから。牧瀬里穂さんて子は、俺が会った女の子の中でもっともバランスの悪い子だったね。田舎ものではないし、都会っ子でもない。子供でもないし大人でもない。とにかくバランスの悪さが際立ってて、それが魅力だったんだ。当時、物語として語れるものを探さない映画はどうもきまりが悪いというふうに感じすぎてしまってね。この映画を撮った後、俺「映画もう辞める」って言ってた。撮影はさすがにプロだから、そんな素振りは見せなかったけど、ちょっと映画を作ることに行き詰まってたのかもしれないなあ。まったくの嘘でもないし、現実とは少し違う、ちょっと浮遊したところで映画をつかもうとしてたんでしょうね。でもまあ、中井貴一くんとか笑福亭鶴瓶さんとかに出会ってたってことにヒントがある。映画は悪いけど、いい人たちに出会ってよかったな、という作品(笑)。

お引越し

相米慎二監督作品

●スタッフ

製作＝伊地智啓／安田匡裕

企画＝岡野晋一／吉野俊太郎／
　堀井博次／大木達哉

プロデューサー＝椋樹弘尚／藤門浩之

原作＝ひこ・田中

脚本＝奥寺佐渡子／小比木聡

撮影監督＝栗田豊通

照明＝黒田紀彦

録音＝野中英敏

音楽＝三枝成彰

美術監督＝下石坂成典

美術デザイナー＝山崎秀満

衣裳デザイナー＝小川久美子

編集＝奥原好幸

記録＝河辺美津子

助監督＝橋本匡弘／原正弘／成島出／
　阿部雄一／曽根邦子

●出演

中井貴一／桜田淳子／田畑智子／笑福亭鶴瓶

1993年3月20日公開　124分

製作＝読売テレビ放送

配給＝ヘラルド・エース／
　日本ヘラルド映画／アルゴプロジェクト

前作から二年たって、東京でないところに行きたかった。そこで西へ。やっぱり京都という場所が大きかった。離婚という問題も、東京の子だったらもっとうまく受け入れるような気がする。主人公の女の子はなかなかみつからなくて、俺が京都で酒を飲んでたら、その飲み屋にいた舞子さんがいい人で「京都にもいいおなごはんがいますえ」って。で、会いにいったら田畑智子という女の子がいたんだよ。ただ酒を飲んでいるだけじゃない(笑)。智子さんは、ガキのくせしてなんでこいつ腰が重いんだって感じ。落ちついているっていうんじゃない。走ったら早い、ってそういう感じだよ。ためてる量の問題なんだな。感情とか喜怒哀楽とかね。京都でいいものが撮れるという予感を感じさせてくれる子でしたね。シーンとしては、両親のもめごとに抗議して風呂場に龍城するシーンくらいからちゃんと動くようになりましたね。とにかく西に行きたくて作った映画です。

夏の庭　The Friends

相米慎二監督作品

●スタッフ

製作＝伊地智啓／安田匡裕

企画＝吉野俊太郎／大木達哉

プロデューサー＝加藤悦弘／藤門浩之

原作＝湯本香樹実

脚本＝田中陽造

撮影＝篠田昇

照明＝熊谷秀夫／上田なりゆき

録音＝野中英敏

音楽＝セルジオ・アサド

美術＝部谷京子

衣裳＝小川久美子

編集＝奥原好幸

記録＝河辺美津子

助監督＝宮城仙雅／阿部雄一／清水啓太郎

●出演

三國連太郎／坂田直樹／王泰貴／牧野憲一／戸田菜穂／淡島千景

１９９４年４月９日公開　１１３分

製作＝読売テレビ放送

配給＝ヘラルド・エース／日本ヘラルド映画

11年ぶりに三國連太郎さんと一緒に映画を作って、やっぱり自分の生き方を通すっていうのを大事にしたいと思いましたね。わがままに生きるって、自分に対して張り詰めていくってことだと思うんですよ。三國さんはいい具合に自分を張り詰めて生きている。年齢を重ねるとプライドだけが高くなったりする人っていますが、三國さんはプライドをうまく隠したり覆ったりすることができる人です。この話は小学六年生の男の子たちが死んでいる人をみたくて近所のおじいさんを見張りだす話なのだけど、原作の子供たちにとっても、主人公を演じる三人にとっても、三國さんと彼の演じる喜八というおじいさんが世代を超えた初めてのライバルなんだね。対立する文化や世代を持っている人と、ない人の差ってある。彼らはおじいさんに全力で立ち向かうのだけど、おじいさんの「死」でものすごく喪失感を味わうことになる。でも、傷つかない奴は面白くない。そして楽しく生きないと、やっぱり面白いものにも絶対出会わない。この映画で語っているのはそこなんだよ。

相米慎二に訊く、50の質問。

聞き手　金原由佳

Q1

初対面の時、相手の人のまず、どこが気になりますか。

気にするというより、なるべくその人を見ないようにする。そして、長い時間をかけて目に入ったものをこっそり見る。それでも見えてしまうものは耐える。何で見ないようにするかっていうと面倒くさいから。そして退屈しのぎに出身地とかを聞く。これって仕事のことじゃないでしょ？　仕事の時はちゃんと仕事をしている。人間の目で作品と相性のいい人かどうかで相手を見ます。

Q2

学生時代の得意な科目は？

授業には好きとか嫌いとかで出たことがないので、得意な科目はなかったたな。何に関しても一番になるのは面倒くさいと子供心にわかっていたから、成績は目立たないようにしてました。競争するの、嫌いなんですよ。

Q3

映画をよく観た時期っていつですか。

中学生の時。今の若い人に言ってもわからないかもしれないけど、映画が数多く製作され、劇場でかかってた時期だから、札幌や釧路のような田舎の映画館でも、というか田舎だからこそ邦画、洋画の名作から変な映画まで上映されていたんだよ。それでふらっと気が向いた時、映画館に行ってボーッと映画を観ていましたね。

Q4

学生時代、委員長をしたことはありますか。

昨年の夏、神戸で「夏の庭　The Friends」の撮影をしてる時、中学校の同級生が訪ねてきて言うには、「お前が委員長で俺が副委員長だった」って。実はその友人だけでなく中学時代のことを全然覚えてなかったので、嘘だ！　って本当に驚いた。その人の記憶違いだと思うなあ。だって男と男が委員長と副委員長だなんて変な学校だ(笑)。

Q5

北海道から上京した時の東京の印象はどんなものだったでしょう。

うーん。どうというものでもない。場所が悪かったんだろうね。京都か大阪に行っていれば少しは違ったかもしれない。土地柄とか人間とか、北海道と東京って別格、違う点はない。今でもそう思いますよ。

Q6

大学生の時、学生運動に参加しましたか。

しません。周りの友達とか入っていた人もいたけど、別に誘われなかったし、学校は封鎖され授業はなかったし、毎日女の子のところにいました。授業が再開されても学校には行かなくて。辞めたというよりはそのまま行かなくなったって感じだな。

Q7

二十歳の頃、何をし、何を考えてましたか。

何もしてなかったし、何も考えてなかった。でも、北海道に帰ろうという気もなかったですね。母は真面目に勉強していると思ってたみたい。で、兄弟が少しずつ「あいつはだめだ」って言ってたらしいよ。

Q8

初めて撮影現場を見たのはいつですか。

子供の頃。小学校3年生だったかな。高峰三枝子さんが綺麗だった。女優さんというのはなんと美しいんだ、と思い、ずっと高峰さんばかりを見ていました。現場のスタッフの様子は何ひとつ覚えていません。

Q9

自分の性格を分析してください。

自己欠如、いつでもどこかが欠けている、と感じている。小さい頃からそうですね。これが治ればすごいと思う。酒飲んだり、旅したりして、自分に足りない部分を埋めようとして遊んでいるんです。で、映画はお仕事だから欠如を見せまいという努力をする。年に一回、2ヵ月くらいなら、全てを兼ね備えているように装うことは楽しいです。

Q10

今までで、いちばん恥ずかしかったことは?

今まで? 大変な質問だ、答えられない。恥ずかしいだけで生きてるから。呼吸が浅いこととか、歩くと足がもつれるとか、雨が降ると傘がないこととか、ずっとずっと恥ずかしい。恥ずかしさが克服できるのなら、もう少し違う人生を歩んでいたでしょう。

Q11

今、恋をしていますか。

しています。

Q12

宝物を三つ挙げてください。

宝物はないです。大切なものは空気。どこにいても空気さえあれば、いいです。

Q13

普段は何をして過ごしているんですか。

何もしないということを抜け出そうとして過ごしてる。抜けられない時もたまにあるけど。競馬がない時とか、碁の相手をしてくれる人がいない時とか、そういう時は布団をかぶって寝てます。

Q14

人生のライバルっていますか？

急に哲学的な質問になった。学生時代ならいたかもしれないけど、健忘症で忘れているからなあ。ライバル視されたことはないかって？　それほどの人間じゃないから誰もそんなこと思ってねえや（笑）。なってのがとても寂しい気がしてきたよ。よし、絶対にライバルってのを作ろう！　敵というより、同志、こいつが生きてる限りは頑張るぞってやつを見つけることを、これからの課題にする。スポーツ選手だって、ライバルがいるほうが競って面白いもんね。誰がいいかな。えっ、キュリー夫人？　うーん。何だかわからないけど、人生のライバルがキュリー夫人ってのもいいかもしれない。今度誰かに聞かれたら答えてみます（笑）。

Q15

いろんなできごとをすぐ忘れるそうですが、その結果として生じた思わぬ失敗などありますか？

ない、と思います。でも、なぜこんなに忘れてしまうのか、と恥ずかしい。脳の一部が欠けているのかもしれない。そうじゃなければ、今生きることに一生懸命なので昔のことはどんどん忘れてしまうのかも、と、それは嘘だな。さっきの話に戻るけど、「夏の庭…」の撮影の時は、中学時代のことをまったく覚えてなかったので、本当に恥ずかしかった。覚えてないとわかった時の相手の反応？　悲しそうにしたり怒る奴もいる。いや、本当に恥ずかしいです。

Q16

友情、愛情、男、女、酒。優先順位を教えてください。

①友情 ②酒 ③男 ④女 ⑤愛情。①は母から友情だけは大事にしろと教えられたから。友情というのは自分の意思で作ることができるけど、愛情は作れない。愛情って後からくっついてくるもんだから、たいしたものじゃない。邪魔くさいものだよね。

Q17

頭の上がらない人っていますか。

たくさんいます。

Q18

監督のよく言う「ゲプラ」って、具体的にどういう状態のことなんでしょう？

ゲプラとは、下品なプライドの略語。自意識が正常に発露されない、ということです。みんな同じ会話をしようとしているのに、自分のことだけでうるさい奴っているでしょ。全体の場や空気のありようを乱す、ということかな。人との距離感をいい意味でなく、マイナスに壊す人っている。それがゲプラ。もっと正常に空気を吸いなさいって、言いたい。

Q19

最近の十代、二十代を見て、自分の頃と変わったなあと思うような点はどこですか。

いちばん感じるのは臆病だということ。いい意味では優しいし、付き合い方がうまいし、自分を守ることも知ってる。悪く言えば、守るものを作りすぎている。それは俺たちの世代、世間的にいう団塊の世代から始まったことかもしれないけど、年々強まっている気がする。何か面白いものって、人とか文化とか世代とかが対立して、そこから登場するものでしょう。みんなほどほどに生きてて、傷つくのを怖がっていたら何も生まれてこないんじゃないかかな。

Q20

料理を作るのはうまいですか。

料理を作るということに20歳前後の一年間、非常に興味を持っていたので、その当時はうまかったと思います。その後、興味が【食う】という下品な方向に移ってしまい、現在では美味しいものを探す方が面白い。

Q21

美味しいお店を見つけるコツは？

コツというよりカン。たくさん歩くということです。大切なのは店のたたずまい、これでキマリ。カンはどこの国の、どこに行ってもほとんど外れない。ただ、最近は脚力が落ちてきているので、昔ほど歩けず、美味しい店を見出すパワーが落ちてきているような気がするね。

Q22

普段、どんな音楽を聴いていますか。

この十年くらいはクラシック。合間にジャズを聴いたりとかね。ひとりでは、うるさい音楽は聴かない。でも、みんなでカラオケなど行った時は、演歌とか歌謡曲を聴いてもうるさくは感じません。

Q23

言葉が通じないなあ、って思うことってありますか。

人がみんな俺のことそう思ってるんじゃないかな。なに言ってるのかわからない、って顔してるんだもん。俺自身は、どっちかというと言葉は信じてる。だけど言葉を言葉だけで理解する能力は欠けてるのかもしれない。言葉を話している人の全体像で、理解しようとはするけど。以心伝心は、信じるというより希望です。「誤解の上に世界は成り立つ」ってことがあるよね。だから、理路整然と言葉だけで話す人は苦手です。まあ、そういう人の話は聞かない。人間の姿って、言葉を聞かなくても見えてくるものは見えてくるから。言葉を聞かない自由ってのもあるんだよ。

Q24

歴史上の人物で、自分と似てるなあと思う人はいますか。

いません。いるとしたら、歴史上から戦線離脱する奴かな。ものすごく卑怯者として残っている奴は別にして、歴史に名前が残るような人とは似ていないでしょう。

Q25

映画界に入ったきっかけを教えてください。

映画が好きだったから……というのは嘘です。70年代の初期、あまりに俺がぐうたらなのを見かねて、知り合いの女性から「仕事に行きなさい」って言われて日活に行ったのがきっかけです。嫌だなあとは思ったんですが、彼女に働かないことを正当化して説明することが面倒くさくて……。その女性が助監督をしたがってる奴がいると伝えていたので、入ったらいきなり助監督にされちゃった。最初の仕事はテレビドラマ。で、三ヵ月後、映画のほうへと進むわけです。二十二歳の頃かな。

Q26

どんな助監督でしたか。

ある人に言わせれば優秀だったというし、ある人にとっては全然何もしない助監督だったという。自分では優秀な助監督だったと思ってるけど。理由は、助監督に必要とされるのは忍耐力があるかどうかということだけど、俺には忍耐力があったということです。

Q27

撮影現場から逃げだしたくなったことってありますか。

助監督の頃はあんまりなかったですね。監督になってからは日常的にある。いちばん大きいのは自分の貧困さが嫌になっちゃた時。どう撮るか画が見えてなかったりとかね。映画監督というのは、大勢の人のエネルギーをまとめるのも仕事だけど、みんなのエネルギーを自分が超えられないと思った時が辛い。実際には逃げたことはありません。いろんなことから逃げてきたから、映画だけは逃げまいと思っているんじゃないですか。

Q28

監督にとってのいい役者、いい演技とは？

若い頃は、一緒にスクリーンの中を役者と生きたい、一緒に呼吸をしたいって思ってた。でも、監督ってただ演技を見てるだけじゃないから、役者と同じくらい疲れるんだよ。一緒に疲れることが気持ちよくても、それが観客席に座って観たら、気持ちいいとは限らないでしょ。今は一緒にスクリーンの中にいるより、観客席にいさせてくれるような役者さんが好きですね。

Q29

撮影中の楽しみは何？

一日が終わって酒を飲むことです。役者と飲むこともあるし、スタッフと飲むこともある。でも撮影中はそんなに飲まないし、酒も肴もそんなにうまくなくてもかまわない。普段がそうだったら怒り狂っちゃうけどね。

Q30

現場の裏方さんに
とんでもない要求をしたことがありますか。

ありません。あってもスタッフはやってくれる。怪我しろとか死ねとか言ってるわけじゃないし、なんとかしてくれます。

Q31

撮影中、お上のご厄介になったことってありますか。

俺はないけどスタッフはあります。例えば新宿で暴走族が信号を無視して走ったり、特別なお祭りで見物客の行く手を遮って撮影をしていた時に、おまわりさんに捕まったりするわけです。

Q32

夏休みの特別な思い出はありますか。

秘密です。夏休みから連想するのは赤とんぼ。夏休みも終わるっていう合図でしょ。それより、毎年毎年、撮影で子供たちの夏休みを見るだけで、俺の夏休みはいつ来るんだろう。撮影で子供たちの夏休みをつかってしまって、恨まれたことがないかって？　それだけは気をつけているからないです。特別な夏休みをプレゼントしているつもりだけどね。文句を言われたら映画を辞めなければならないよ。

Q33

プロの俳優でなく、普通の生活をしていた少年少女を主役に抜擢するのはなぜですか。

子供というものはいても、プロだとかプロじゃないという子供はいない。夏休みに、自分の育ってきた背景を乗り越えてもらうという点では誰でも同じ。大切なのは気持ちのいい顔だとか、肺活量が多いとか、そういうことです。

Q34

女優に惚れたことはありますか。

いっつも惚れてます。その女優を選ぶという行為じたいが惚れていく過程です。一定の期間、その人の時間や生涯と一緒に生きる、あるいは生きたいと思うわけだから、撮影中は擬似的にでも惚れなきゃね。

Q35

映画監督になってよかったなあ、と思いますか？

うーん。映画監督になったのは、なりゆきというか運命としかいいようがないから、いいも悪いもないなあ。

Q36

男と女、大人と子供、どっちが描きやすいですか？

映画というのは本当のことを再現するのではなく、嘘を本当らしく見せるってことだから、自分と遠い存在のほうが描きやすいですね。そういう意味では、いちばん描きやすいのは大人の女。大人の男は描きにくいけど、もしかしてこれからまた別の人生を自分が歩むかもしれないので、まだ嘘がつける。子供の男がもっとも描きにくい。自分が子供の男をかつて過ごしたから、思いきって嘘が描けないというか、映画の嘘に至らない。

Q37

どろどろの恋愛映画を撮ってみたいですか。

どろどろの恋愛はしてますから、自分の生活を映画にまで再現したくはありません。それに他にもっとうまく撮れる監督がいるでしょう。

Q38

自分の作った映画の中に、自分を投影したことはありますか。

ありません。自分を投影するなんて恥ずかしい。そんなみっともない映画を作ってたとは思いたくない。観る人が映画に自分を投影するものであって、作る人は投影するものじゃない。結果としてそういうふうになっちゃうかもしれないけど、それは失敗作です。

Q39

相米作品の役者たちは、なぜいつも走っているのでしょうか。

そんなに走ってる？　走ってるというのは、空気をたくさん吸う。空気をたくさん吸って吐くことが生きていくことの基本だから、そこからしか始まらないのです。

Q40

育てた役者たちのその後は気になりますか。

映画は映画、人生を一緒にするわけじゃないから、出会った人みんなにさらにいい出会いがあればいい。まあ、子供たちが大人になった時にたまに酒飲んだりはできるでしょう。実際に大人の俳優さんたちとは会って酒飲んでいるわけですし。

Q41

海外の映画監督で影響を受けた人はいますか。

海外でも日本でもたくさんいます。ただ、励みになる監督はクリント・イーストウッドにつきる。彼の作る映画は正しい呼吸をしていると感じます。他の人の作品だと息切れしちゃうもんな。意識する監督はいません。そんなのいたら大変や（笑）。嫉妬するのは「ミツバチのささやき」を撮ったビクトル・エリセ。ゆったり映画を撮っていいよなって思う。助監督につきたかった人はイングマール・ベルイマンかな。彼が描こうとしたものよりも、描くために何を捨てたかを見たいな。

Q42

昨年、カンヌ映画祭に行かれたわけですが、海外の映画関係者やジャーナリストに会って印象的だったことは何ですか。

「お引越し」を映してくれたカンヌの映写技師のおじさん。ピントとか速さとか非常に丁寧で、久しぶりにプロ中のプロの映写技師に会ったなって感じでした。

Q43

今、いちばん会ってみたい海外の映画人は誰ですか。

ジャン＝リュック・ゴダール。「なんでまだ映画やっているんですか？」って質問したい。あの人なら他にやることがあるんじゃないかって思うんだけど。

Q44

撮影しておきたい場所ってありますか。

これから映画を撮る場所です。

Q45

日本以外で映画を撮るなら、どこの国のスタッフとどんな作品を撮ってみたいですか。

スタッフはどこの国の人でもいいけど、中国という国の中で撮りたい。でも言ってるだけで、日本以外で映画を撮れるとはあまり思ってません。日本人のこともよくわからないのに、他の国の他の人を描くなんてよくわからないから。でも撮れるとしたら、日本人と中国の話を撮ってみたい。時代設定はいつだっていい。中国って、世界でいちばん、動く可能性のある国だと思うから、それに関わりあう日本人の姿を描いてみたいですね。

Q46

死ぬまでに、どうしても撮りたいという企画や原作があれば教えてください。

いくつまで生きようか。あと五年しか生きられないんだったら、時代劇を撮らせてほしい。時代劇だから主役は男だろうな。現代の衣装を着てない人たちを撮るんだったら何でもいい、例えば歌舞伎の曾我兄弟の話でもね。物語を作りたいんじゃなくて、時代劇の様式を描いてみたいですね。

Q47

現在の日本の映画界をどう思いますか。

いい時代なんじゃないでしょうか。俺はいい時代だと思って頑張ってる。映画界がよくなるか悪くなるかは、作る側の力はほんの少しで、映画を観る人にそうさせる力があるんです。映画を観たいという人たちがたくさんいればいい映画ができるし、観たいという人がいなければ映画は終わるだろうし。今は映画を観たいという人が少ない。皆さん、観たいという記憶が薄れる前に、映画館に行きましょう。

Q48

相米組に入るにはどうすればいいですか。

プロデューサーに、入りたいって言ってください。俺に言うのは多分だめです。プロデューサーに言えば、誰も拒否はしません。

Q49

「死」に対して、どのようなイメージを持っていますか。

誰が俺の灰を撒いてくれるかな……。よく俺の作品は死を描いていると言われるんだけど、それは違う。死ぬことじゃなくて生きることの綱渡りをしていることを描いているのだからね。薬師丸ひろ子の歌の中に「死んだ人を輝きに変えて」っていうのがあるんだけど、失うことや死を恐れたら、片一方の生きるってことがみみっちくなる。俺の作品はみみっちくなるのをやめようぜって言ってるんだ。だから相米映画は全て愛と勇気の物語、というか、それしか描けない。時々それが悲しくなる。人にはもっと頽廃とかもあるのに。これからは頽廃も描きたいって書いといてください(笑)。

Q50

映画監督じゃなかったら、何になりたかったですか。

さすがに映画監督も長くなったので、仮定の話をするのはやめましょう。

出典

「相米慎二、自作を語る。」「相米慎二に訊く50の質問。」は
月刊カドカワ1994年6月号に掲載されたものです。

あとがきにかえて

永瀬正敏

親愛なるオヤジへ

構成　金原由佳

ああ、〝ぽい〟。相米慎二っぽいな。相米慎二という人を知って、親しかった人なら、この「相米慎二　最低な日々」を読むと、〝ぽい〟文章や言い回しがいっぱい出てくる。まず、虫がいっぱい出てくる。これは、相手に投げかける台詞としてよく出てきた。「何だ、お前、虫みたいだな」って。

一聴すると罵りに聞こえるんだけど、それはもしかすると裏っ返しの言葉で、虫は好きだったみたいだし、生まれ変わるなら糞虫になりたいとも言っていたらしいので、その言葉は負のイメージで使っていなかったんだと思う。まあ、僕が特殊だったのかもしれないけれど、相米のオヤジ（僕はいつの頃からか彼をオヤジと呼んでいたので、以下その呼称で続ける）に撮影中、虫と言われても、「お前は何考えているのかわからない、宇宙人か」と言われても、挙句にカットがかかる度に「ボケ」とか「カス」と言われても、字面と違ってその声のトーンは優しく、僕は全く嫌な気はしなかった。「月刊カドカワ」にエッセイの連載を始める時、「この雑誌は永瀬と由貴（斉藤由貴さん）が連載しているんだぞ。あいつらが書いている雑誌なんだから、俺もちっとは真面目に書こうと思う」と周囲に言っていたらしい。僕は「ションベン・ライダー」で、斎藤さんは「雪の断章―情熱―」で、それぞれオヤジの映画で役者デビューをしている。こんな殊勝なことを言っていたのなら、直接言ってくれよとも思うが、照れくさい言葉は口にしない人だった。僕も連載中、メッセージを求められて出しているけど、今見ると、「もうちょっとちゃんとしたことを書けよ、俺！」と突っ込みたくなるようなどうでもいい内容で、当時、相米のオヤジが見るんだよな…と意識したような照れが出ちゃっている。

僕と相米のオヤジの関係性は、映画監督と一俳優というものをはるかに超えていて、本当の血縁関係における父と息子のようなものだった（と勝手に思っている）。だから、息子側としては同性の親にまつわるこっぱずかしさが常にあり、会うと八割は不真面目な言葉を投げあった。ただ、ふとした瞬間にオヤジから出てくる重い言葉が会話の一割、二割あり、結局それが今でもずっと僕の心の中に重く残っている。彼の残したエッセイと一緒。どうでもいいことを書き連ねているんだけど、ラストの締めの一文に親父の強い感情が凝縮されていて、その情景が強く浮かんでくる。

「なるほど、で、その後、どうなったの？」とつい声を掛けたくなるような。本編が終わって、ラストのエンドロールを見ながら頭の中に浮かんでくるような感想が、このエッセイにもあって、「完全なるサルへの道」（シーン4「正体」）なんて、おかしみがすぎて笑ってしまう。

今回、オヤジの50前後の時の文章に再び触れたことで、改めて彼がまだこの世にいたら、この20年間、どんな作品を世に出していたんだろうと、沸々と悔しさが出てきてしまった。畜生！　もっと見たかったって……。

僕の知らないオヤジの姿も、このエッセイにはあった。意外と海外の映画祭に参加しているではないか。これはまったく知らなかった。オヤジの口から海外へ行ったことなど1度も聞いたことがなかったし、きっとオヤジの中では海外で国際映画祭に参加したことを声高に言うことではなかったのだろう。イタリアにも行っている！　オヤジにとっては「イタリアも西荻窪もかわらねぇ、酒さえ飲めれば」なんてスカしていたのかもしれない、照れ隠しで。もしくは、本当は僕はその時ちゃんと聞いていて「へぇ〜、そう」なんてスカし返しをしていたのかもしれない、でも、記憶にないのは事実だ。

イタリアはサン・セバスチャン国際映画祭に「お引越し」で参加した時のことだと思う。いろんな映画祭で現地の子供たちと触れあって、字面では嫌そうに語っているけど、たぶんね、絶対に楽しかったはずだ。ああ、良かったな。死後の名声も大切かもしれないけれど、生きている間に、自分の作品が言葉を越えて受け入れられている状況を認識していたというのはちょっと嬉しいし、僕にとっても救いになる。でも、そんな話をオヤジとしたことがなかった。会うと、いつも、うまい飯屋についての話や、どうでもいいような話ばかりで。もっと時間があると思っていたし、オヤジとの時間がこんなに早くプツリと切れてしまうなんて、想像もしていなかったから。照れなんかどっかに投げ捨てて、もっと素直に真面目な話もするべきだったのか……オヤジなりの言い回しで、何かもっと進んでいく上のヒントをくれたのかもしれない。

文章も、生き方も、作品も、独特で、僕は悔しいけど大好きなんですよね。全てに愛情があふれていて。まあ、本人には直接言いませんでしたけどね。オヤジが逝っちゃった年齢を越えちゃいましたからね。もうね、ちょっと信じられない。

さて、また同じ話をと思われるかもしれないけれど、改めてオヤジと出会った「ションベン・ライダー」の話を少ししようかと思う。

先日、松居大悟監督とご一緒する機会があった。彼は相米のオヤジの映画を深く見ていらっしゃって、いろいろ質問を受けた。あの場面は、どういう風に演出があったんですか、あそこはどうでしたかって。若い世代の監督がそう言ってくれるのがものすごく嬉しい。真剣にオヤジの世界を受け入れてくれている。オヤジのさりげなくとても深い世界観、簡単には説明できないようなパワーを作品から受け取ってくれている若い世代の方々がいるという事実が、僕は本当に嬉しい。しかし、中には賛と同時に、非の意見もあるだろう。相米さんなんて軽々と越えますよっていうのもいい。様々な意見があるのはいい。全くスルーされるよりは、たとえ否定意見でもその人の映画体験のどこかに相米のオヤジがいるってことだから。

例えば「ションベン・ライダー」の中盤、名古屋の貯木場のところで、河合美智子さん演じるブルースと、原日出子さん演じるアラレ先生がつり橋から飛び降りる場面がある。今の時代、ものすごく怒られてもおかしくない場面だ。コンプライアンス？

ってものとかで。まあ、この物語は、怒られそうな事柄がてんこ盛りな作品なのだが。

その前に、粗筋を短く紹介すると、河合美智子さん演じるブルースと、僕が演じるジョジョ、そして坂上忍さん演じる辞書の三人組は、夏休みの水泳教室の日、彼らをイジめていたデブナガ（鈴木吉和さん）に今日こそやっつけてやろうと誓うものの、目の前で彼をヤクザに誘拐され、仕返しをするのは自分たちだと東京から横浜、名古屋へと救出の旅に出かけていく。

中盤、貯木場にデブナガが監禁されていることを知り、チンピラの山（桑名正博さん）と政（木之元亮さん）を追い詰めるのだが、そこに至る手前のつり橋からブルースとアラレ先生が続けざまに飛び下りる。あまりにも高さがあるので、落下する途中で、体が斜めに傾きながら落下するのがわかる。僕は傍で見ていたけど、原さんが決死の覚悟でスカートをまくり上げられ、欄干を乗り越え、飛ばれたのを覚えている。よく、やられましたよ。飛び落ちるなんて脚本には一行も描いてないんだから。あれはオヤジがその場でやらせたもの。藤竜也さんからもらい受けた帽子を僕、ジョジョが被っていたんだけど、貯木場で走っている中で水中に落ちてしまい、それを見つけたブルースが帽子を救出するためにつり橋からとっさに飛び込み、それでアラレ先生は「生徒が飛び込んだら、教師も飛び込むだろ」と急にオヤジに言われて、原さんも飛び込む羽目になった。怒られますね、今なら完全に。スタントの方ではないんだから。でも何かが生まれているんですよ、あの場面でも。

何にも教えてくれなかったオヤジだけど、一回だけ、明確な演出を受けたことがある。横浜のダルマ船に行き、初めて藤竜也さん演じる厳平に面と向かって会う場面だ。理不尽な思いを抱えたヤクザである厳兵は、覚醒剤を打っていたところに突然やってきて、デブナガの居場所に連れて行けと言う中学生たちに、交換条件として自分を拳銃で撃てという。諦めて帰ろうとしたブルースとジョジョだったが、辞書だけ銃を彼に向ける。このロシアンルーレットは弾が出なかったが、すぐ辞書が捕まり、殴られる。僕は藤さんの迫力に圧倒されて、リハーサルでは唖然としてその場に立ち尽くしていたら、カットの声と共にオヤジが近づいてきて、「お前はそういう奴じゃねえだろう。友達がやられてんだったら、行くだろう」って。それが初めての演出だったんだけど、「ああ、そうか。そうだな」と納得して、本番になって厳平に向かって行ったら、藤さんの本気の蹴りが何度も入りました、腹に（笑）。もう必死で庇いに行ったんだけど、その時はお芝居を忘れ、本気で友人を助けようという思いしかなかった。後で聞くと藤さんには「本気で行ってください」とオヤジが注文していたらしい。そのおかげでお芝居なんてすっ飛んで、ジョジョでいられたんだと思う。理解しているふりをした小手先の芝居よりも「教師も飛び込むだろ」「友達がやられてんだったら、行くだろう」、そこに真理があるのだ。

後になって、いろんな人から、「あの場面は、何回ぐらい撮ったんですか？」と聞かれるけど、実はオヤジの本番ってそんなにカメラは回ってない。リハーサルはＯＫになるまで、一日どころか、二日もかかることがあったけど、本番自体は一度か二度で終わっていた。それは映画監督として、みんなのピークを見極めて、フィルムに収めていたということなんだけど、当時はド素人で、そのあたりのオヤジの凄さはわかっていなかった。辞書役の坂上君以外は。何度も、ダメダメダメと言われ、芝居であることを忘れていく作業をさせて、カメラの存在も忘れさせ、その場にブルースとジョジョと辞書しかいない気持ちになった時、「よし、本番」と言っていた。ド素人に芝居なんかできるわけないので、そうなるまで待っていてくれた。だから、「ションベン・ライダー」の撮影中、自分は毎日、全部が必死で、本気でデブナガを捜さなきゃと思っていたし、藤さんが演じる厳兵を本当に好きになっていた。男として、藤さんのことを憧れて、よくついていったし、藤さんの後ろ姿とか、雪駄とか、短パン姿とか、あの目とか全て憧れて……そういうことでしかあの夏のことを覚えていない。

ただ、クランクアップの日に、ここから離れたくない。って、思っちゃったのが全て。あれだけ辛い思いをして、嫌だっていうことをやらされる日々だったのに……。映画の撮影現場というものに、映画の魅力に、一発目で囚われてしまった。それは全て相米慎二のせい、っていう思いはある。

撮影は夏休み中に終わらないし、9月半ばまで延びてしまって、役柄のせいですごい剃り込みを頭に入れて、それをバンドエイドで隠して学校に登校したら、みんなから「どうしたんだそれ?」って言われるんだけど、「どうしたって言われても」と説明しようがない。登校早々、職員室に呼び出しをくらい、宮崎の田舎の学校だから、剃り込みもバンドエイドも許してくれない。そもそも、当時の母校の校風はとても厳しく、映画に出演するってことだけで、初めから「もうこんな生徒は要らない」っていう態度で、事前に母校へご挨拶に来てくださった伊地智啓プロデューサーは菓子折りを突っ返されて、失礼だと怒っていた。でも当時の自分も意地っ張りで、一度レールから外れたからといってそう簡単には辞めないぞ、ここにいてやろうと思ってしまい、一年間だけ在学した。まあ、それは反骨精神ですね。

紆余曲折あって、東京の高校に転校するんだけど、それからあとは、青森で撮影した「魚影の群れ」と、関西で撮影した「お引越し」「夏の庭 The Friends」以外の作品は全てオヤジの撮影現場に行きました。「雪の断章─情熱─」はトップシーンの、東宝撮影所でのあの長回しの場面を見たんだけど、そこで降ってくる雪については僕も手伝って作っている。「台風クラブ」は工藤夕貴さんが尾美としのりさんと東京で出会って、彼の部屋に行く場面。「光る女」は日活で組まれたクラブハウスに。その時、オヤジがすごい大人の顔して座っているから大笑いしたんですよね。で、オヤジが自慢気な、「おい、見ろよ」っていう顔をするから、「何?」と聞くと、「お前、見てみろ」と連れていかれると、スタジオのでっかい扉に、でっかい文字で、カット割りが書いて貼ってある。「俺だって、カット割るんだぞ」と威張っているから、「へえ、やるじゃん、でもそれが普通じゃね？」とか言ったんだけど、その後、見ていたら、まったくその通りに撮らなかった（笑）。「カット割りのリスト、全然使ってねぇじゃん」と言うと、「まあな、その通りにはいかねえわな」と。

僕は相米映画の観客でもあり、今でもしょっちゅう見直すのだけれど、でも、やっぱり、「ションベン・ライダー」だけは見られない。ちょっと違う感情が入っちゃって、なんですか、画面が滲んじゃうから。なので、「ションベン…」はもうちょっとしないと多分見られないのかなとは思うけれど、他の作品はよく見ていて、「クソォ」って思いながらも毎回とてつもない勇気をもらっている。そういう監督のひとりなので。

観客としてはっとする場面は幾つもある。「翔んだカップル」で、薬師丸ひろ子さんが化粧をして、「私、綺麗？」って鶴見辰吾さんに聞くところ。そのまま二人で左画面の方に雪崩落ちていって、何が起きたのかは見えない。「台風クラブ」では夕貴ちゃんが演じる高見理恵が寝坊をしてしまい、学校にいかず、母親の布団に潜り込む場面がある。あそこはひとりで、しているんですよね。でも、演じている方はそういう匂いを出してるつもりではない。出来上がった映画には10代の性の匂いが充満する。それって、なんでしょうね。悔しいところでもある。なぜ、それができるのか。別に裸になるわけではない。若い演じ手が全て理解しているとも限らない。なのに、そういう色をちゃんとフィルムに焼きつけられる。映画に関わるものとしては滅茶苦茶に悔しい。なかなか超えられないから。

ありきたりな表現を平気で超えちゃう何かがあって、その充満のさせ方が〝らしい〟。それがとても「映画」でもある。先程の理恵の場面なんて、工藤さんは布団の中に潜って、全然顔なんか見えない。性を匂わす顔なんてしていない。でも、潜り込んでいた布団からぽこって出てくるときの顔がもう、先程とは変わっている。そういうことを強調するような演出をしてないはずなんですよ。「好きな子が迎えに来たけど、寝坊して間に合わなかったから、だから云々」みたいな感情の動きなんてことは絶対に教えていない。でも、リハーサルを重ねているうちに、演者自身が意識していない本質が出てきて、その芯をフィルムに焼き付ける。あんなに丁寧じゃない人が、濃厚に引き出していく、不思議ですよね。

いい言い方をすると、余白というか、シーンとシーン、カットとカットの間の余白に引き込まれちゃう。悔しいかな、そこをなんかやっぱり、いつまでたっても目指しちゃう。毎回、毎作品、目指すから、どんなに経験を積み上げ、演じている年数が増えても、現場に入るときは新人一発目の俳優みたいな気になる。それはもう、相米慎二の呪縛です。38年ぐらい、演じてきているのに。毎回、相米慎二を越えたいんですよね。でも、越えられそうにない。第三者の方が見てくれると、そうじゃないって言ってくれる人も、もしかしているかもしれないけれど、自分では、どの作品を見せても、オヤジには、まだ鼻で笑われるんだろうなと思ってしまう。

オヤジに出会ってから映画が公開されると「お前、感想文を書けよ、400字詰め原稿用紙3枚な」とか言われていた。で、ちゃんと書いたことはないんだけど（笑）、おごれよ、飯を食いに行くぞと誘われ、行くと「お前、観たのか」「観たよ」ってぽつぽつと僕が感じたことを伝えることとなり、そこから返ってくるやり取りが面白かった。何かの折に、「セーラー服と機関銃」の話になった。公開当時、「なんでそこまでしつこく長回しなんだ」という批判があった。僕は冒頭、火葬場から父親の骨を持って戻ってきた薬師丸ひろ子さん演じる星泉が自宅のマンションのエレベーターに乗って、「ひとりになっちゃった、でも大丈夫」と独白する場面が好きで、でも、あそこは手持ちのカメラがちょっと揺れてもいて、そこが見づらいという批判の対象にもなっていた。その話になり、「でも、僕はあそこの揺れるところが好きだ」というと、相米のオヤジが、「ああ、あれは（カメラが）泉の親父の目線だからな」ってぽろっと言う。それを聞くと、毎回言うけど、やっぱり悔しいんだけどやられちゃうみたいな。そうか、この映画は泉のお父さんの目線なのかと。だとすると、「綺麗な動きの目線にはならないよな、魂の目線だから」というオヤジの主張をこっちで勝手に受け取って、なるほどと思う。

「お引越し」の時も、終盤の、田畑智子さん演じるレンコが、琵琶湖の中に入り、過去の自分を抱きしめる。あそこは感動的で、多くの人があのシーンが好きだとオヤジに言っていたと言う。

「もちろん、あそこはいいんだけど、俺はその前の森の中の場面が好きなんだけど」「小学生でしょ、でも、途中から、どんどん顔が女になっていくじゃん。なんか好きなんだな」と言うと、「やっぱ教えちゃだめだな、あのシーンだけは教えてねんだ」と返ってきた。

「教えてねぇって、俺らの時、1回も教えてくれなかったじゃん」と言うと、「いや、俺も年で、我慢できねえんだよ（笑）。でも、あのシーンは一切教えないで回したんだ。へぇー、お前もちゃんと映画観てんだな」「おい、ちゃんとってどういうことよ」。

なんて、お互い褒めたりするときは何となく少し喧嘩腰なんだけど、伝えた感想がオヤジと一緒だと、答え合わせじゃないけど、正解が一緒なんだっていうのは役者としてとても嬉しかった。ある一部の人からは批判され、スルーされた場面が、自分にはとても大切だったと伝えられたことが僕にはとても大事なことで、その返答として、演出の種明かしを少しだけもらって、間違ってないんだな、役者として歩いていっていいんだな、とちょっとした自信を持たせてくれた。いつもそういう感じがした。

そういう何十年にもわたる最後の食事は、「風花」の準備中だったか、そのすぐ後だったか……。

オヤジと飯を食いに行って、なんでだったか、「飲み足りねえな」となり、通りすがりのカラオケスナックに入ったんですよ。そこで、お前、何か歌えよと言うから、これは復讐も込めて、近藤真彦さんの「ふられてBANZAI」をわざと熱唱してやったんです。というのも「ションベン・ライダー」の中で、僕が中盤、自転車で坂道を下り、走っているトラックに飛び移るシーンで、自転車がトラックの後輪に巻き込まれて、放り出されてしまい、テイク1の撮影はNGに。もう、撮り直しはないと思っていたら、美術部さんが曲がりくねった自転車を見事に直してしまい、テイク2を撮ることになって。でテイク2は、無事、トラックに飛び移り、それで近藤真彦さんの「ふられてBANZAI」を歌うという一連の動きができて、OKが出たから、これは褒められるだろうと近づくと、「お前、(歌い出しが)おせぇんだよ」で終わり。完成した作品では容赦なく、「ふられてBANZAI」のところはカットされていて、もう、信じられない。そういう経緯があったので、オヤジの前で「ふられてBANZAI」を歌った。そうしたらその時、オヤジは最高の笑顔で……。歌詞を知らないくせに、一緒に口ずさんだりして、「お前も芝居もたまにはそんな風にやればいいんだよ」とニコニコしていて、笑顔が最高だったんですよね。うん、ちょっと忘れられない……。

オヤジが天国へ旅立ったという一報は熊井啓監督の「海は見ていた」の撮影中で……。ちょうどオヤジが何度も使っていた日活撮影所のスタジオでの撮影。撮影の合間、オヤジもあっちに行く前に見たいだろうと、オヤジの写真を持ちながら撮影後に所内をひたすら、ひたすら歩き回った。熊井監督には本当に申し訳ないけど、芝居しながらも、どうしても思い出しちゃって。そんな中、洪水シーンの撮影中、つい、また「オヤジ」って心の中で思った瞬間があって、その時でっかい雷がものすごい音で近くに落ちて。その音で、「やばい、『撮影中何考えてんだ！』ってオヤジが怒ってる」と。そこから気持ちを必死に切り変えた。

オヤジの遺作となってしまった「風花」の陣中見舞いに行った時は、カットを掛けるたびに、こっちに来てくれたりした。そんな事あまりなかったから驚いた思いがある。撮影が終わり、なぜか誰もいない廊下の長椅子で二人きりになった時があって、いろいろ話す中で、次回作の「壬生義士伝」の話になり、「そろそろいいんじゃないか」と次に出て欲しいという話を受け取った。これまでずっと、せっかく、オヤジから二度目の出演依頼が来たのに、「なのに」という、間に合わなかったという思いの方が強かった。今でも悔しくてしょうがない。僕はオヤジに現場で一度もＯＫという言葉をもらっていない。「まあ、そんなもんだろ」というのが精一杯だった。いつかオヤジの現場で彼が思わず「ＯＫ！」と言ってしまう役者になりたい、そのことを目標にずっとやってきた。オヤジが天国へ行ってしまった事で、僕はもう一度オヤジの作品に出たい、と言う願いが失われたのと共に、役者として永遠に「まあ、そんなもんだろ」という役者になってしまったのだ。でも、ある人に「〝そろそろいいんじゃないか？〟と言われたのは、役者として認めて信頼していたからじゃないですか」と言われた。そんなふうに考えてもいなかった。彼女の言葉を聞いて溢れ出しそうな感情を抑えるのに必死だった。その言葉で没後20年を経てようやく、あの時役者として認めて言ってくれたのかなと思えた瞬間だった。

相米慎二の映画とこれから出会う次世代の観客に伝えるべきことがあるとしたら。僕も年を取り、いろんなことに気を遣うようになってきたけど、例えば映画監督をしてくれと声が掛かっても、僕はできないと思うのは、やっぱりオヤジの存在が大きいから。先程、話したように、これは泉の親父の目線なんだとか、脚本のト書きにすら書いてない何かを全部理解しながら撮るなんてことは僕にはできない。言ってみれば、相米慎二、それ自体が全部映画だった。映画っぽかった。誰かを感動させようとか、泣かせようとか、笑わせようとか、そんなことはくだらないって思ってたのかもしれない。本質が出るまで、誰に何と言われようが待つという姿勢を貫いてくれて。今はもう、そういう現場はほぼほぼない気がする。例えば相米組を経験した役者がたまたま近くにいたとすると。目の前の脚本にはト書きも台詞もいっぱい書き込んである。けれど、「こういうの、相米のオヤジなら急に雨降らせるだけで表現しちゃうよね」って言うと、「だよね」で通じる。

オヤジが亡くなって20年後に出会う人たちに相米慎二が目指した表現の深みを伝えるのはなかなか難しい。映画というのは役者の表情と行動と口から発する台詞を、カメラのアングルやカット割りで構成し、音楽を加えることで十分に表現はできるんだけど、彼はさらにそこを越えたところを目指していた。それを一つの雨粒で表現できるんだっていうのをやっていた。そういうお手本みたいな映画がいっぱいある。言葉にしないとわからないじゃないかっていう観客もいるだろうし、全部が抽象的な表現である必要性はまったくないけど、でも、相米慎二こそ映画だと言いたい。「魚影の群れ」の前半、夏目雅子さんが自転車で坂を下りてきて、その後ろ姿をずっと撮っているだけでぐっと来る。佐藤浩市さんが岸壁沿い、1人でずっと佇んでいる表情にカメラが全然寄っていかないんだけど、すごく力を感じる。相米慎二と、鈴木清順監督とご一緒して今でも思ってるのは、映画は引きの画（え）にどれだけ力があるか、どれだけ観客に想いが伝わる引きの画（え）が撮れているか。最近はカットバックのクローズアップを多用する作品が多いけど、誰が映ってるか本当にわからないぐらいの引きでもちゃんと成立するのは「セーラー服と機関銃」の終盤、薬師丸ひろ子さんと渡瀬恒彦さんが、目高組の屋上で、延々と組のものを燃やしている姿でちゃんと伝わる。あそこは最高で、見えなくても僕は感じるんですよ、何かを。時間を。

長らく相米慎二のプロデューサーを務めた伊地智さんはよくこう言っていた。

「なんといっても、あいまいしんじさんだからね」

観客はどう受け取ろうと、曖昧でいいのだと。そこにちゃんとこちらの魂が込められていれば。きっと気がついてくれる人は必ずいる。

あの日、通夜の日。葬儀場に行ったら、オヤジはなんだかかしこまって棺の中に納まっていた。とても現実味がなく、目の前の光景が信じられないでいた。僕は、こんな横暴な自分でも一度も触ったことのない、このエッセイの中でも自虐的にえらく自分でいじっている、ある意味トレードマークのハゲを、最後に思いっきり触ってやった。仕返しと言ってもいいかもしれない。散々なことをやられてきたのだから、こんな小さな仕返しぐらい大目に見ろよ、と。でも……冷たかった。こんなに冷たくなるのかと思うぐらいに、オヤジはとてつもなく冷たかった……。「こんなに冷たくなりやがって…」その瞬間から恥ずかしいぐらい涙が溢れてしょうがなかった。その時のオヤジの気持ちは「馬鹿野郎、触んじゃねぇ」だったのか、それとも苦笑いしながら「最後にやりやがったな」だったのか……。その答えは、いつか再会した時に聞いてみたいと思う。最初に出会ったあの日から、自分が役者としてまっとうするまで一生続く、親愛なるオヤジからの、夏休みの宿題と共に。

永瀬正敏（ながせ・まさとし）

１９６６年生まれ、宮崎県出身。１９８３年、映画「ションベン・ライダー」でデビュー。「息子」（91）で日本アカデミー賞新人俳優賞・最優秀助演男優賞他、計８つの映画賞を受賞。海外作品にも多数出演しカンヌ国際映画祭・最優秀芸術貢献賞「ミステリー・トレイン」（89）、ロカルノ国際映画祭・グランプリ「オータム・ムーン」（91）、リミニ国際映画祭グランプリ、トリノ映画祭審査員特別賞「コールド・フィーバー」（95）では主演を務めた。台湾映画「ＫＡＮＯ（原題）」（14）では、金馬奨で中華圏以外の俳優で初めて主演男優賞にノミネートされ、「あん」（15）、「パターソン」（16）、「光」（17）でカンヌ国際映画祭に3年連続で公式選出された初のアジア人俳優となった。近作は「星の子」（20）、「名も無い日」（21）、「茜色に焼かれる」（21）など。新作「ホテル・アイリス」が22年公開予定。２０１８年、芸術選奨文部科学大臣賞を受賞。

相米慎二が所有していた「ションベン・ライダー」台本より

原案■レナード·シュレイダー
脚本■西岡琢也 ● チエコ·シュレイダー

監督■相米慎二

製作■多賀
プロデューサー■伊地

相米慎二（そうまい・しんじ）

1948年1月13日、岩手県生まれ。契約助監督として日活撮影所に入所した。長谷川和彦や曽根中生、寺山修司のもとで主にロマンポルノの助監督を務めた。助監督時代には脚本家として杉田二郎のペンネームも用いている。1976年にフリーランスとなる。80年、「翔んだカップル」で映画監督としてデビュー、81年、「セーラー服と機関銃」で興行的な成功を収めた。85年の「台風クラブ」は第1回東京国際映画祭（ヤングシネマ）でグランプリを受賞。その後、93年の「お引越し」で第44回芸術選奨文部大臣賞を受賞。同作は第46回カンヌ国際映画祭のある視点部門に出品された。98年の「あ、春」は1999年度キネマ旬報ベストテンの第1位に選出されたほか、第49回ベルリン国際映画祭で国際映画批評家連盟賞を受賞した。2001年、小泉今日子主演の「風花」を発表。同年9月9日に死去。53歳だった。

写真　佐野篤

企画協力　金原由佳
協力　株式会社KADOKAWA
特別協力　ムスタッシュ
編集協力　田辺順子

相米慎二　最低な日々

2021年9月9日　第1刷発行

著者　相米慎二

発行人　田中保成
編集統括　溝樽欣二
編集　小林淳一
印刷所　中央精版印刷株式会社

発行所　A PEOPLE株式会社
〒一六〇-〇〇一一
東京都新宿区若葉一-一四-五

発売　ライスプレス株式会社
〒一五〇-〇〇四一
東京都渋谷区神南一-一一-五　JINNAN HOUSE 2F

電話　〇三-六七二一-〇五八六

ISBN978-4-909792-22-8
Printed in Japan